TABLEAU analytique des événemens remarquables depuis la naissance de Jesus-Christ jusqu'au commencement du 19.ᵉ Siecle.

# TRAITÉ COMPLET

## DE MNÉMONIQUE,

*OU*

ART D'AIDER ET DE FIXER LA MÉMOIRE

EN TOUS GENRES

D'ÉTUDES ET DE SCIENCES,

ORNÉ D'UN TABLEAU *D'APPLICATION A L'HISTOIRE* SERVANT
DE FRONTISPICE, ET ENRICHI DE 25 GRAVURES;

PAR M<sup>r</sup>. *** *J. Didier*

Contenant les divers Systêmes depuis Quintilien et Cicéron
jusqu'aux Professeurs modernes, avec application aux
Mathématiques, à la Chronologie, à l'Histoire, à la Botanique, aux Codes civil et de procédure, à l'Algèbre, aux
Langues, etc.; suivi d'un nouvel Abécédaire pour les enfans.

*Nous avons ri, examinons.*

A LILLE,

CHEZ THOMAS NAUDIN, Imprimeur - Libraire;

ET A PARIS,

CHEZ tous les Marchands de Nouveautés.

●●●●●●●●●●●●

1808.

# PRÉFACE DE L'AUTEUR.

———

L'ART de secourir la mémoire par des moyens artificiels, fut connu des Grecs et des Romains; il eut ses partisans et ses détracteurs.

Ressuscitée de nos jours, et rendue facile par une méthode ingénieuse, cette découverte méritait peut-être un accueil favorable; mais vendue et débitée comme un objet de commerce, lorsqu'elle devait être publiée ou professée comme un art libéral, elle a été avilie, et est presque devenue un objet de risée.

Il est temps d'initier le Public à ce grand mystère, et de le mettre à même d'apprécier les avantages et les défauts d'un art qui compte des prosélytes et des critiques dans les Corps les plus savans et les plus respectables.

Nous avons examiné avec impartialité tous les systêmes, et l'application dont ils sont susceptibles; si nous avons fait l'éloge de

quelques moyens ingénieux que présente la
Mnémonique, nous n'avons pas balancé à
condamner ceux qui nous ont paru futiles
ou dangereux.

\*\*\*.

# DISCOURS PRÉLIMINAIRE.

---

Pᴀʀᴍɪ les auteurs qui ont écrit sur l'*Art oratoire*, il en est peu qui aient traité de la mémoire artificielle. Chez les anciens, Cicéron (1) paraît s'être occupé plus particulièrement des moyens d'agrandir ce vaste dépôt des connaissances humaines; il donne quelques détails à cet égard, et recommande de se livrer à cette étude. Crévier, chez les modernes (2), rappelle ce que dit à ce sujet l'orateur Romain, mais il ne partage pas son opinion, et pense que toute méthode sur cet objet ne peut avoir d'autres résultats que d'étonner par quelques tours de force inutiles autant que ridicules.

La méthode indiquée par Cicéron consistait à traduire en images ou tableaux susceptibles d'être saisis par les yeux, les faits ou les choses qu'on voulait confier à la mémoire : pour fixer ces tableaux dans un ordre qui empêchât de

---

(1) Troisième livre de la Rhétorique, *ad Herenium*, n. 16.
(2) Rhétorique française, deuxième vol., page 324.

*vj*

les confondre, on faisait choix d'un édifice dont on divisait les parties intérieures sur lesquelles se fixaient les choses qu'on voulait retrouver au besoin (1).

Les anciens avaient senti l'inconvénient de multiplier les édifices et leurs divisions; pour ménager l'emplacement, souvent ils réunissaient plusieurs images sur une même partie de l'édifice ou paroi, presque toujours en nombre impair de 5, 7, 9, etc. Les uns les plaçaient dans la disposition d'une grande M ; au centre et à chacune des extrémités supérieures et inférieures de la figure qu'elle présente ; d'autres les fixaient sur des lignes tracées de diverses manières (2).

_____

(1) Ce travail de tracer des tableaux et de les attacher aux diverses parties d'un édifice, n'est qu'une opération mentale : l'*imagination* est le peintre qui fixe des *idées* sur la toile, et cette toile est le *souvenir* qui conserve des *impressions* plus ou moins fortes, suivant que les couleurs ou *idées* sont plus ou moins vives.

(2) Dans la planche n°. 00, la figure 4 représente deux M ; l'une indiquée A est disposée pour recevoir 7 tableaux : celle

On augmentait les nombres des M et des lignes en les plaçant de diverses manières dans les parois de l'édifice adopté, par exemple, par 5 ou par 9. Ainsi, une paroi offrait, selon le

---

marquée B, peut en fixer 9 dans l'ordre indiqué par les chiffres 1, 2, 3, etc.

La figure 7 parcourt les bandes de sa paroi, et peut admettre 9 images, dont une occupera le centre.

La figure 8 offre deux lignes tirées du milieu des bandes de la paroi ; elles se croisent au centre ; et par cette division, la paroi peut recevoir jusqu'à treize images : avait-on besoin de 5 cases, on plaçait la première au centre et les quatre autres aux pointes indiquées 1. 3. 5. 7 ; si ce nombre des cases devait être de 9, on pouvait, ou les placer sur des lignes qui joignaient les premières dans l'ordre des chiffres 1. 2. 3. 4. 5. 6. 7. 8, et la neuvième au centre ; ou sans recourir à de nouvelles lignes, les fixer alternativement à la pointe des premières, et à chacun des angles qu'elles forment vers le centre, dans l'ordre indiqué par les chiffres 1. 2. 3. 4. 5. 6. 7. 8. et 9 au centre. Enfin, les images étaient-elles au nombre de 13, on réunissait ensemble ces deux moyens, et l'on parcourait successivement les pointes, les angles et les nouvelles lignes, dans l'ordre 1. 2. 2. 3. 4. 4. 5. 6. 6. 7. 8. 8. et 9 au centre, ce qui donnait treize cases ou places.

besoin , des divisions de l'espèce des figures suivantes :

| M | | M | | M | M | M |
|---|---|---|---|---|---|---|
| | M | | | M | M | M |
| M | | M | | M | M | M |

Ainsi l'on multipliait à volonté les images dans un même lieu.

On sent que cette méthode devait présenter de grandes difficultés pour retrouver à volonté les images et pour saisir rapidement la situation locale de chacune d'elles, sur telle paroi ou dans telle partie de cette paroi ; il suffisait que la série des images fût nombreuse, pour qu'il devînt impossible de retrouver les idées ainsi fixées : c'est surtout dans le classement et l'ordre même des images entre elles, que la nouvelle méthode a de grands avantages sur l'ancienne ; celle-ci marchait, pour ainsi dire, sans guide et par la seule localité ; celle-là suit un ordre facile, et ne s'écarte jamais d'une combinaison naturelle mise à la portée de toutes les intelligences.

· L'emploi des images se fait naturellement,
. et l'esprit, malgré lui, sans volonté déterminée,
dessine ce qui lui est présenté, pourvu qu'on
lui offre des formes qu'il puisse saisir : en effet,
l'esprit ne peut peindre l'étendue, le temps,
la pensée ; il n'y a là rien de palpable, et ce
n'est que par des attributs qu'il parviendrait à
les figurer. Dans un fait, au contraire, il
voit tout, aucun détail ne lui échappe. S'il
s'agit d'une bataille, il se porte au lieu du
combat ; c'est-là que le général faisait ses dispositions ; c'est sur cette monticule qu'était
établie une redoute formidable ; voilà le village
où les ennemis s'étaient retranchés ; tous les
mouvemens, il les suit ; il ne perd rien : on
peut dire plus, cette faculté de tout se représenter est un besoin pour l'esprit : qu'on nous
parle d'un homme que nous n'avons jamais
vu, mais qui peut nous intéresser, hé-bien!
nous le voyons comme s'il était présent, nous
le revêtissons d'une forme idéale ; et c'est ainsi
que les hommes célèbres de l'antiquité viennent
se reproduire à notre pensée, nous nous fami-
liarisons avec eux, ils deviennent pour nous,

par cette reproduction, des personnes de connaissance. La surprise que nous manifestons
à la première vue d'une personne dont le nom
ne nous est point étranger, vient presque toujours de ce que nous ne la retrouvons pas
ressemblante avec le portrait que nous nous en
étions fait : il en est des choses comme des
individus, et nous éprouvons le même besoin
de les représenter : celui qui n'a point été dans
la ville de Rome, mais qui a souvent entendu
parler de cette première cité du monde, la
construit à sa manière ; il connaît le Capitole,
le temple de Mars, la colonne Trajane, et
tous ces monumens qui rappellent tant d'il-
lustres évènemens et tant d'hommes célèbres ;
il les voit, les suit, et les retrouve sans
s'égarer.

C'est à ces images que l'esprit se crée au
milieu de ses lectures, qu'il faut rapporter la
facilité avec laquelle on retient naturellement
les faits historiques, même ceux qui sont le
plus susceptibles de description, et par conséquent plus étendus, plus compliqués ; mais
l'esprit les dessine dans l'air, et ne les fixe

nulle part : aussi ces images fuient bientôt comme de légers nuages que chasse le vent. Le souvenir en reste confus ; on se les rappelle, comme le voyageur inattentif se retrace les paysages qu'il a vus en courant, sans pouvoir dire de quel pays ils font partie. Si ces images, au contraire, au lieu d'être figurées dans l'espace, étaient placées dans un lieu connu où elles seraient pour ainsi dire déposées, on viendrait les retrouver au besoin comme un objet placé dans un vaste magasin, ou plutôt comme on va revoir un tableau qui nous a frappés dans un muséum, sans hésiter long-temps sur la place qu'il occupe ; l'image rappellerait le lieu, et le lieu rappellerait l'image : ainsi encore lorsque nous passons devant une maison où il nous est arrivé autrefois quelque chose de remarquable, la vue de la maison nous reporte à l'évènement ; ou si l'évènement revient à notre esprit, il y revient avec la vue du lieu où il s'est passé.

La nouvelle méthode appelée *Mnémonique*, s'est d'abord occupée de déterminer un ordre pour classer les tableaux dont nous avons parlé , de telle façon que chacun d'eux, occupant une place certaine et connue, on peut à volonté, et sans une longue recherche , le retrouver avec autant et plus de facilité qu'un habile bibliothécaire , au nom seul d'un ouvrage, n'indique la salle , l'armoire et la case où il est déposé. Pour atteindre ce but , elle a suivi l'ordre de la numération dans toute sa simplicité ; elle a déterminé un nombre fixe de divisions ou cases , pour partager les parois des édifices.

Toutes les cases que renfermera un édifice , seront successivement numérotées 1. 2. 3. 4. 5. 6. 7, etc. , jusqu'à 50 et même jusqu'à 100 ; ce nombre peut être augmenté à l'infini.

Ce premier travail fait , il s'agissait d'établir des points de rappel entre la case et le tableau qu'elle doit recevoir ; on a pensé à cet égard , qu'au lieu de ces chiffres ou nombres qui ne pouvaient qu'indiquer l'ordre des cases , il convenait d'attacher à chacune de ces dernières une image première qui y fût invariablement fixée, et qui pût joindre, à l'avantage de conserver cet ordre, ce rang si indispensable des tableaux entre eux, le mérite particulier d'offrir des points de rappel tellement marqués, que ce tableau demeurât intimément lié et inhérent à la case où il serait placé, et l'on est arrivé à cet heureux résultat.

A des chiffres, qui par eux-mêmes ne présentent qu'une idée abstraite, et dont le souvenir ne se peut conserver, on a substitué des choses susceptibles de se fixer rapidement et de se peindre à l'esprit; ces choses ou objets réels ont été pris dans la configuration même du chiffre de chaque case : par exemple, dans la première case indiquée 1, on place, au lieu du chiffre 1, et pour le représenter, un *observatoire*, espèce de tour, qui, comme lui, offre une ligne droite sur un plan horisontal ; la seconde case marquée 2, est occupée par un *cygne*, dont la tête baissée et le cul arrondi offrent assez l'image matérielle du 2 ; le 4 est une *glace* ou *miroir* quarré, présentant quatre côtés; le 9, une *poële* ou *poëlon*, dont la partie arrondie figure la tête, et dont le manche ou partie allongée , représente la queue. Le nombre 11 sera figuré par une *échelle* dont les montans ou lignes droites , donnent assez l'image ; 20 sera représenté par *une oie dans un plat* , etc. Il en sera de même pour tous les nombres , soit qu'ils n'offrent qu'un seul chiffre ou qu'ils en présentent deux (1).

L'imagination peut revêtir ces chiffres d'une plus ou moins grande quantité de formes, et trouver ainsi, pour chacun d'eux, de nombreuses images, qui seront toutes des points de rappel pour autant de tableaux ; ainsi le nombre 20 dont nous venons de parler, et que nous avons représenté par une *oie rôtie*, peut l'être également par *un nid de cigogne , un paon, Diogène sortant de son tonneau, un chien quittant sa niche*, etc. (*Planche n°. 00. figure* 3 ).

Ces images sont toutes prises dans la con-

_____

(1) *Voyez* les planches du n°. 1 au n°. 20 ; les impairs offrent le trait du nombre, et les pairs en sont le développement.

figuration même du chiffre, et peuvent être variées à l'infini ; mais il est prudent de n'en adopter qu'un certain nombre, dont on doit se pénétrer fortement, et de telle sorte, qu'à l'instant même où les yeux apperçoivent un chiffre, l'esprit saisisse aussitôt l'image convenue et trouvée dans sa configuration, et que cette suite d'images soit le seul ordre numérique dont on fasse usage.

Pour fixer un mot et attacher des idées ou des tableaux aux images représentatives des chiffres, on établit un rapport, une ressemblance ou différence, une analogie quelconque, dût-elle être ridicule, entre la chose qu'on doit confier à la mémoire et l'image de la case où on la place ; la chose ainsi déposée à la case, peut être retrouvée à volonté.

On voit déjà que la nouvelle *Mnémonique* présentait de grandes ressources pour l'étude des sciences qui ont des nomenclatures, et pour celles qui n'offrent que des faits ; mais les plus grandes difficultés n'étaient pas vaincues, il fallait l'assujettir à fixer aussi aisément des chiffres et des nombres, et par-là

la rendre propre à l'étude des sciences mathématiques, de la géographie, de l'histoire, etc.

Dans l'histoire, par exemple, ce ne sont pas
les faits qui s'oublient, c'est l'ordre dans
lequel ils se suivent. On se rappelle les plus
petites circonstances d'un évènement, et souvent l'homme le plus instruit hésitera sur sa
date, non pas d'une année, mais quelquefois
de plusieurs siècles. Qui n'a la tête remplie du
récit des croisades? On se représente toujours
à ce mot, Pierre l'Hermite distribuant des mor-
ceaux de drap rouge à cette foule d'auditeurs
que ses discours avaient enflammés ; on dé-
barque avec les croisés sur la Terre-Sainte, et
l'on s'agenouille avec Godefroi de Bouillon
sur le tombeau du Christ; Richard, Saint-
Louis, noms à jamais célèbres, vous n'êtes
point oubliés ! Mais qu'on demande à beaucoup de gens en quel temps ces évènemens si
remarquables ont eu lieu, plusieurs hési-
teront, et rarement on se rencontrera à un
siècle près.

Cette négligence de la chronologie, science
qu'on

qu'on doit cependant regarder, avec la géographie, comme étant indispensable pour l'étude de l'histoire, est la cause des anachronismes nombreux que nous trouvons dans tous les livres.

Il est permis à Virgile, à un poëte, de faire rencontrer des personnages qui ont vécu à trois cents ans de distance ; mais si ces rapprochemens sont heureux pour une fiction, il est difficile de leur donner d'autre nom que celui d'une ignorance grossière lorsque c'est l'historien qui les fait.

Pourquoi l'étude de la chronologie est-elle si négligée ? il n'en faut pas chercher d'autres causes que son aride difficulté. Que Jean - Jacques Rousseau s'écrie : « Je ne » ferai point apprendre la chronologie ni la » géographie à mon Emile, ces sciences lui » donneraient beaucoup de peine pour n'en » faire parade qu'une fois ou deux dans sa » vie. » Ceci ne prouve autre chose, si ce n'est que l'auteur de l'Emile était rebuté de la difficulté de ces sciences, dont la séche resse ne pouvait plaire à son imagination brûlante.

Qu'il n'y ait plus de difficulté pour apprendre les dates, et le problème de l'histoire est résolu ; aussi voit-on avec admiration les efforts que les historiens ont faits pour les retenir, et la manière souvent ingénieuse dont ils ont fixé les époques, en parlant à l'esprit par les rapprochemens qu'ils établissent, et aux yeux, par les tableaux qu'ils lui présentent.

La Mnémonique devait à son tour donner des moyens capables de vaincre tous ces obstacles. L'histoire rentrait effectivement dans ses attributions, puisque la première qualité requise pour l'étudier, est celle d'une heureuse mémoire. Si nous sommes maîtres de choisir les emplacemens où nous voudrons placer les tableaux de notre pensée, il ne restera qu'à établir dans leur choix un certain ordre conforme à celui des évènemens historiques ; nous placerons sans aucun effort chaque fait suivant sa date ; et comme le lieu et l'image sont liés ensemble de manière que l'un ramène toujours l'autre , il s'en suivra que tont fait qui nous sera connu , portera sa date avec lui ; et qu'à toute époque donnée , nous retrouverons le fait qui y est relatif; l'un devient même tellement nécessaire à l'autre , qu'il ne saurait plus s'en passer : le fait qui n'aurait pas de date , et qui conséquemment ne serait placé nulle part , ne se retrouverait plus. Par ce procédé qui paraît naturel, la chronologie devient la compagne fidèle de l'histoire , lui prête son appui , lui sert de guide, et dans cette union elle perd la sécheresse qui semblait être son partage.

C'est ainsi que dans des mots donnés au Mnémoniste, c'est le n°. d'ordre qui lui fait retenir les mots; sans cela , il ne saurait où les placer , et sa mémoire, qui en serait seule dépositaire , ne les lui rendrait pas fidèlement.

Pour fixer les dates, et en général tout ce qui s'exprime par des chiffres , on a imaginé de leur substituer des choses ; ce ne sera plus des images ou tableaux , mais des nombres plus faciles à fixer; ainsi chaque chiffre se rendra par une consonne de l'alphabet ; ces

consonnes s'uniront à des voyelles qui , à cette
occasion seulement , n'auront aucune valeur
numérique; de cette union de voyelles et de
consonnes , on formera des mots qui se lie-
ront facilement au fait qu'on voudra retenir,
ou à l'image du lieu où il sera déposé.

Le temps est mesuré par l'espace ; c'est
pourquoi il faut que la distance , dans les
emplacemens que l'on choisira, soit en proportion du temps parcouru. Il faut aussi que
l'on y retrouve des divisions pour toutes les
périodes dans lesquelles on renfermera le
temps ; ces périodes sont le siècle , l'année
et les jours. Mais cette dernière période est
rarement employée pour la connaissance de
l'histoire générale; on s'en tient aux années.
Ainsi l'on distribuera dans divers lieux et sur
plusieurs édifices, les évènemens selon le siècle
auquel ils appartiennent ; les édifices , par
leur forme et dans leur intérieur, offriront
des divisions naturelles pour les évènemens
de dix années ; et c'est dans ces divisions
qu'on placera les cases destinées à recevoir les
faits d'une année ; on pourra même , par

d'autres distributions, fixer les époques historiques par mois et par jour.

Pour arriver plus facilement aux objets de détail, on doit commencer par fixer les masses de l'histoire, et à cet effet on formera quelques tableaux particuliers des grandes époques, pour servir de point de rappel des autres évènemens moins importans. On tracera, par exemple, dans un paysage, plusieurs édifices; on les environnera d'objets propres à rappeler les principaux faits du siècle qui est affecté à chacun d'eux; c'est ainsi que la gravure du frontispice offre les masses de l'histoire de la deuxième ère, c'est-à-dire depuis Jésus-Christ. (*Voyez* explication du frontispice, p. *xxv*). Ces images et ces divisions se gravent facilement dans l'esprit, et la mémoire soulagée, retrouvera sans peine les faits et les dates qui auront été déposés dans chacune des cases.

On voit que si la mémoire, à l'aide des principes de la nouvelle méthode, s'empare de toutes sortes de mots, de faits et de chiffres, quelque soit leur nombre, et qu'elle les retrouve ensuite dès qu'elle en a besoin, désormais les sciences physiques et mathématiques, la géographie, l'histoire, la chronologie, l'étude des lois, celle des langues, de la poësie, en un mot, toutes les connaissances humaines ne lui présenteront qu'un vaste domaine, qu'elle parviendra à s'approprier en adoptant pour chaque étude un mode qui lui soit propre.

La *Mnémonique*, telle qu'elle est, peut offrir de grandes ressources, mais il lui reste encore des acquisitions à faire ; une fois dégagée des entraves qu'on lui a données, tour-à-tour attaquée publiquement, et publiquement défendue avec connaissance de cause par des hommes instruits, elle obtiendra du temps et du travail de ses partisans, ce degré de perfection dont elle est susceptible.

S'il nous est permis d'exprimer notre opinion sur ce nouveau système, nous pensons qu'on doit bien se garder de le faire connaître aux enfans avant l'époque où leur éducation se trouvant terminée, ils sont à-peu-près livrés à eux-mêmes. Autrement, la Mnémonique rendrait leur mémoire naturelle lente et paresseuse, affaiblirait leur imagination; ils ne verraient dans les rapprochemens que des jeux de mots risibles, qu'ils ne manqueraient pas de retenir; et s'habituant, par la corruption nécessaire des mots de la langue, à de fausses expressions, ils arriveraient à n'avoir que de fausses idées, et ne porter que de faux jugemens.

Ainsi, pour avoir voulu faire tout-à-coup un savant distingué, d'un enfant qui avec le temps eût pu le devenir, on lui aura fait perdre les fruits d'une bonne éducation, pour ne ressembler qu'au perroquet bavard, qui débite à tort et à travers une foule de choses qu'il ne comprend pas.

Dans un âge plus avancé, le jeune homme choisit avec discernement ce qu'il lui importe de retenir; il assujétit ses idées, et cherche les moyens dont il doit de préférence faire usage; le jeu de mot n'est pour lui qu'un point de rappel dont il oublie le mécanisme pour ne s'occuper que de la chose cachée ou déguisée.

Si la réflexion , le raisonnement et la mémoire naturelle viennent ensuite se joindre aux moyens qu'il emploie et qu'il sait varier suivant les occasions , il trouvera dans la mémoire artificielle des avantages considérables ; s'il sait n'en point abuser , il n'aura point à en craindre les inconvéniens.

*Fin du Discours préliminaire.*

# EXPLICATION DU FRONTISPICE.

———

La gravure du frontispice est une application de la Mnémonique à l'étude de l'histoire; c'est le tableau analytique de quelques évènemens remarquables depuis la naissance de J. C. jusqu'au commencement du dix - neuvième siècle.

Chaque maison est destinée à recevoir les évènemens d'un siècle, et à cet effet se divise, comme on le voit maison n°. 18 , en dix chambres , suivant ce qui est dit pages 52 et suivantes.

On a placé dans le voisinage de chaque édifice , quelques images rappelant des faits ou époques du siècle auquel cet édifice est destiné.

Les maisons ont été chiffrées selon le rang des siècles , et les années comptées d'après cette base ; ce qui paraîtra peut-être contraire aux principes développés page 53 : nous avons dû nous en écarter un moment, puisqu'il fallait frapper les yeux avant la démonstration. Il ne sera pas difficile de rétablir la marche indiquée au chapitre de l'histoire.

Le frontispice est un point de vue formé de plusieurs groupes de maisons placées sur divers plans.

La maison nᵒ. 1 contient les faits ou évènemens remarquables depuis la naissance de J. C. jusqu'à l'an 100 de son Ere. On voit à côté un enfant dans une étable, et près de lui les deux animaux témoins de sa naissance.

Les maisons nᵒˢ. 2 et 3 contiennent l'histoire des années 101 jusqu'à 300, qui n'ont de remarquable que la persécution constante exercée contre les Chrétiens, et les supplices des martyrs.

La maison nᵒ. 4, de l'an 301 à l'an 400, rappelle l'enfance des arts et de l'agriculture.

La maison nᵒ. 5, depuis 401 jusqu'à 500, indique la victoire de Clovis à Soissons, en

486 ; le roi terrasse le soldat qui lui avait disputé le vase qui est à ses pieds.

La maison nº. 6, de 501 à 600, offre un sceptre et une couronne renversés ; c'est la destruction de différens états ; du royaume des Thuringiens en 531, des Bourguignons en 534, des Vandales même année, des Ostrogots en 553, des Suèves en 584.

La maison nº. 7, de 601 à 700, un livre, c'est le Coran, origine de la religion et de l'empire de Mahomet, en 622. — Un doge, création de cette dignité à Venise, en 697.

La maison nº. 8, de 701 à 800, un pape rappelle la première origine de l'état et de la puissance temporelle ecclésiastique en 730.

La maison nº. 9, depuis l'an 801 jusqu'à 900, un roi, indique la fondation de divers royaumes, dans les années 827, 843, 855, 858, 862, 879; une église séparée, le schisme des Grecs, en 880.

La maison nº. 10, depuis l'an 901 jusqu'à l'an 1000, on baptise un enfant, *progrès du Christianisme.* Le roi de Dannemarck se fait baptiser en 965, le duc de Pologne en 966, le grand-duc de Russie en 988, le prince des Hongrois en 992.

La maison n°. 11, depuis l'an 1001 jusqu'à l'an 1100, origine vraisemblable des tournois en 1066, fondation de l'ordre des Chartreux en 1080.

La maison n°. 12, depuis l'an 1101, jusqu'à 1200, agrandissement de l'état ecclésiastique en 1115, Saladin s'empare de l'Egypte en 1171, siége et prise de Saint-Jean d'Acre par les Croisés en 1191 ( un soldat met la main sur une pyramide ).

La maison n°. 13, depuis l'an 1201 jusqu'à 1300, prise de Constantinople par les Croisés en 1204, ( un guerrier saisit l'étendard du Croissant. ) Conradin décapité à Naples en 1628, tableau peint à l'huile à Muttersdorf en 1297.

La maison n°. 14, depuis l'an 1301 jusqu'à 1400, le canon et la poudre employés par les

Maures en Espagne en 1312 , la ville d'Avignon vendue au Pape par la Reine Jeanne de Naples en 1348.

La maison n°. 15, depuis l'an 1401 jusqu'à 1500 , un bûcher rappelle Jean Huss brûlé à Constance en 1415 ; un supplice , l'inquisition s'introduit en Espagne en 1478 ; deux roses , guerre civile d'Angleterre entre les deux Roses en 1452.

La maison n°. 16 , depuis l'an 1501 jusqu'à l'an 1600 , invention des pistolets et fusils à ressort en 1517 ; un vaisseau indique le premier voyage fait autour du monde par Ferdinand Magellan en 1519 , confirmation de l'ordre des Jésuites par le pape Paul III en 1540 , un livre rappelle l'introduction du calendrier Grégorien en 1583.

La maison n°. 17, depuis 1601 jusqu'à 1700, Charles I^er. roi d'Agleterre décapité en 1649 , édit perpétuel et ordonnances civiles et criminelles en 1667.

La maison n°. 18 , depuis 1701 jusqu'à 1800 , mort de l'empereur Charles VII , en janvier 1745 , pacte de famille en août 1761.

N°. 19 , sur le devant du tableau , un trône , vers lequel s'achemine un héros , doux présent du Ciel envoyé pour cicatriser les plaies de la France et rendre le bonheur au monde , une couronne , un bouclier, une tête de Minerve , des branches de chêne et de laurier , placés sur le trône du plus grand des monarques ; rappellent sa puissance , sa force , sa sagesse , sa valeur et ses victoires.

On n'aura pas besoin de la Mnémonique pour n'oublier jamais ces premiers temps du dix-neuvième siècle.

*Fin de l'Explication du Frontispice.*

# TRAITÉ

### DE

# MNÉMONIQUE.

## EXPOSITION DU SYSTÈME.

La Mnémonique, ou l'Art de secourir la mémoire
par des moyens artificiels, a trouvé récemment beaucoup de détracteurs. Quelques plaisans ont été naturellement excités à tourner en ridicule un art dont on
prétendait leur faire un vain secret ; mais ils ont ri suffi-
samment : la raillerie s'épuise , et l'on revient peu à
peu à la nécessité d'approfondir et d'étudier avant de
porter un jugement. Peut-être pensera-t-on comme
nous , qu'un art pratiqué par les hommes les plus célèbres de l'antiquité, était digne d'un examen plus
sérieux ; nous osons assurer que nous nous y sommes
livrés avec fruit.

La méthode dont nous allons développer les principes a pour but de transmettre à la mémoire l'impres-

sion des objets avec plus de promptitude et de facilité, et de les y graver d'une manière plus durable.

On regarde Simonides comme l'inventeur de la Mnémonique ; Cicéron et Quintilien après lui, en ont parlé avec éloge ; parmi les modernes Kaëstner et le baron d'Arétin ont publié des Traités de Mnémonique ; mais ils sont incomplets et n'applanissent point les difficultés qui se présentent à l'esprit des nouveaux adeptes.

Ciceron a dit que la Mnémonique se composait d'images et de lieux, *constat ex locis et imaginibus :* les moyens qu'elle emploie consistent à appeler au secours de la mémoire, l'imagination et la méthode ; *l'imagination ,* par le moyen des formes corporelles sous lesquelles elle représente les faits ou les idées; la *méthode ,* par la disposition des lieux dans lesquels ces figures corporelles sont placées dans un ordre méthodique et connu.

L'expérience a prouvé que la perception produite dans l'esprit par l'action d'un objet extérieur sur nos sens, se reproduit spontanément à l'imagination lorsque le même objet vient les frapper de nouveau.

Si de tous nos sens, celui de la vue est le plus péné-

trant et le plus actif, il est dès-lors le plus susceptible
de transmettre à l'esprit des impressions plus vives,
plus durables et plus propres à se reproduire ; d'où
nous devons conclure que si en revêtissant de formes
corporelles les perceptions que l'ouïe ou la seule réflexion nous auraient transmises, nous parvenons à
les soumettre à l'action de la vue, nous aurons acquis
plus de probabilité de pouvoir à volonté reproduire
ces images à notre pensée ; et puisque la reproduction
de l'image amène la reproduction de la perception qui
y est liée, en acquérant plus de facilité à reproduire
l'une, nous aurons obtenu plus de facilité à reproduire l'autre, et conséquemment un moyen auxiliaire
aux efforts de la mémoire.

C'est donc cette reproduction spontanée de la perception par l'intermédiaire de l'image, que la Mnémonique se propose d'atteindre, et sans doute elle le peut ;
car si telle est la puissance de l'imagination, que par
la seule application des facultés intellectuelles, les objets physiques, quoiqu'absens, se représentent à l'imagination sans frapper les yeux, si la mémoire peut en
conserver l'image par le seul effet de l'intelligence et
sans le secours des sens; combien ces deux moyens,
réunis et fortifiés l'un par l'autre, ne doivent-ils pas

étendre cette puissance de l'imagination , en fixant d'une manière prompte, sûre et invariable les conceptions et les idées dans la mémoire !

Les moyens de la Mnémonique sont donc les images et les lieux; *les images représentatives* des faits ou des idées ; *les lieux destinés* à conserver l'ordre des images, ordre singulièrement essentiel , puisque c'est à lui, à la disposition méthodique des objets entr'eux, que tient principalement le mécanisme de la mémoire.

La nature nous présente une foule d'objets susceptibles de se peindre avec vivacité à l'imagination ; c'est elle qui offre la source d'images la plus féconde : elle ne laisse que l'embarras du choix.

Les *lieux* sont le plus ordinairement des édifices publics ou particuliers, des colonades , des portiques , des palais, dés fabriques., des maisons choisies entre celles qui sont plus connues et plus propres à être classées méthodiquement dans la mémoire ; quelquefois aussi des édifices imaginaires, que chacun peut se construire, et dont il peut disposer à son gré, quoiqu'il paraisse plus à propos de préférer des édifices connus et réellement existans.

Le choix des *images* et des *lieux* est soumis à des

règles que la nature indique et que la réflexion confirme ; car, puisque l'expérience nous apprend qu'il est des objets propres à nous frapper vivement, d'autres dont nous ne recevons que de faibles impressions, que les choses communes et habituelles passent sous nos yeux sans être remarquées et sont souvent même inapperçues, tandis que les choses neuves et inusitées nous émeuvent vivement, il est sensible que, pour rendre la reproduction des *images* plus facile, il importe de les choisir parmi celles qui sont propres à ébranler fortement l'imagination, soit qu'elles tiennent cette propriété d'elles-mêmes, comme étant prises dans ce que la nature offre de plus grand ou de plus extraordinaire, de plus noble ou de plus bas ; soit qu'on leur transmette cette aptitude par les occasions dont on les environne, par les formes qu'on leur prête, par l'action dont on les anime, par leurs proportions prises dans les extrêmes, enfin par leur bizarrerie même ou leur contraste.

Quant au choix des *édifices*, Cicéron conseille de les prendre dans un emplacement solitaire, plutôt que dans un lieu trop fréquenté, afin que l'imagination soit moins distraite ; qu'ils ne soient ni trop étendus, ni trop resserrés, afin d'éviter également le vague des *images* dans un local trop vaste, et leur confusion dans un *lieu* trop étroit ; qu'ils ne soient ni trop sombres, ni trop éclatans de lumière, afin que l'obscurité ou le grand jour ne nuisent pas à la facile inspection des *images*; qu'enfin ils ne soient pas trop écartés les uns des autres, afin que l'imagination puisse plus facilement les embrasser ou les réunir.

C'est dans ces *lieux* convenablement disposés, que l'imagination se reporte pour y retrouver, comme dans autant de magasins, les faits ou les perceptions qu'elle y a déposés sous l'enveloppe des formes physiques dont elle les a revêtus.

Ainsi, fixer les idées par le secours de la Mnémonique, n'est autre chose que figurer les idées par des signes sensibles, et co-ordonner ces signes entr'eux ; dans une acception plus vulgaire, c'est *écrire ;* car les parois des édifices sont le *papier* ou les feuilles métalliques destinées à recevoir l'impression ; les signes ou les images sont les *caractères ;* leur disposition respective est l'arrangement des lettres ou l'écriture, et l'opération de l'esprit qui se reporte successivement sur cette série de caractères, est la *lecture.*

Avant de terminer cette introduction, nous croyons

devoir faire deux observations : l'une, que les tables
idéales de la Mnémonique ont cet avantage sur les tables physiques, que dès l'instant qu'elles reçoivent
l'impression des images la mémoire en conserve le dépôt; de manière que, dans tous les instans, à chaque
heure solitaire, dans l'obscurité des ténèbres, dans les
veilles de la nuit, l'esprit a la faculté de se reporter
sur la série des idées ou des faits ainsi fixés, et peut
parvenir en peu de tems à se les rendre parfaitement
familiers : ce que la mémoire n'opère avec les tables
physiques, que lentement et avec beaucoup de peine.

La seconde observation, c'est qu'il ne faut point craindre de surcharger l'imagination par cette multiplicité et
cette complication *d'images et de lieux ;* jamais il ne
peut y avoir de confusion. Une fois classés dans la mémoire, les idées ou les faits fixés par la Mnémonique,
ne demeurent plus éternellement liés aux signes sous
lesquels on les a figurés ; ils finissent par s'isoler du
moyen mécanique employé pour les y transmettre; la
méthode disparaît, les bases se cachent, les choses
restent et s'unissent sans peine aux idées acquises par
la mémoire naturelle; mais ces choses ne nous échap-
peront dans aucun tems, puisque toujours nous pour-
rons retrouver le signe sous lequel nous les avons figu-

rées, ou avec lequel nous avons formé des rapports, et que ce signe, dès que nous le voudrons, nous rendra ces mêmes choses telles que nous les lui avons confiées, et avec la plus exacte fidélité.

# CHAPITRE PREMIER.

## DIVISION DES LIEUX ET EMPLOI

## DES IMAGES.

Nous avons vu dans l'exposition du système, que le Mnémoniste, parmi les nombreux moyens qui lui sont offerts, peut principalement se représenter un édifice distribué en diverses pièces ; il partage ces pièces en plusieurs parties, et donne à chacune une image ; il attache à cette image par un rapport quelconque, l'objet ou la chose qu'il veut confier à sa mémoire, pour la retrouver dès qu'il en aura besoin.

Le développement d'une pièce de l'édifice et sa division en plusieurs parties, vont établir d'une manière évidente, que les numéros ou images fixées à chacune de ces parties peuvent, à l'aide de moyens plus ou moins variés, s'appliquer à toutes les classes de mots , de faits ou de choses qu'on voudra retenir.

Supposons une chambre développée, et dont les parois ou côtés se trouvent renversés et de niveau avec le plancher. ( *Voyez* planche n°. o , fig. 1.)

Le carré *A* est le plancher ou parquet de la chambre ; le carré *B* est le mur de la cheminée ; le carré *C*, le mur de la croisée ; le carré *D*, le mur de la commode en face de la cheminée ; et le carré *E*, le mur où la porte est pratiquée, en face de la croisée. Si on réunit les quatre pointes *F*, elles formeront ensemble le plafond ; mais elles se placent ainsi comme addition par quart au-dessus de chaque paroi.

Maintenant divisons le plancher ou parquet en neuf parties (fig. 2), de même qu'on écrit de gauche à droite, et en face comme doit compter celui qui entre ; 1. 3. 7. 9. sont aux quatre coins ; 5 occupe le centre ; 2 est au-dessous de la fenêtre ; 4 au foyer de la cheminée ; 6 sous la commode ; et 8 au seuil de la porte.

Le carré *B* ou mur de la cheminée se divisera également en neuf parties plus une, qui sera prise dans le quart du plafond et commandera ce mur, c'est-à-dire servira de point de départ aux 9 subdivisions de la paroi à laquelle elle tient (fig. 3) ; alors 10 se placera dans cette partie et commandera tous les numéros qui suivent, et qui conservent le même ordre que ceux du parquet. En effet, on voit que leur distribution est la même, et qu'il y est seulement ajouté une dixaine à chacun.

Les carrés *C*, *D* et *E* seront également divisés en

dix parties, de 20 à 29, 30 à 39, 40 à 49, en observant que 20, 30 et 40 seront placés dans les parties de
plafond et commanderont leur dixaine.

Pour former la chambre et la completter, le numéro
50 sera placé au milieu des numéros 10, 20, 30, 40,
et formera, comme la voûte du plafond ; il sera donc
opposé perpendiculairement au numéro 5 du plancher, et quand la chambre est développée, on le placera à volonté après l'un des numéros 10, 20, 30 ou
40, et sur la même ligne ; on remarquera par la division entière de la chambre mnémonique (figure 4),
1°. que tous les nombres où se trouve un zéro com-
mandent la dixaine suivante ; 2°. que la place des unités se trouve rigoureusement conservée dans toutes les
parois, puisque 5, 15, 25, 35, 45 occupent le centre
de leur carré respectif, comme 1, 11, 21, 31, 41
en remplissent la première case, et ainsi de tous les
autres numéros dont la place ne peut varier.

On doit observer encore qu'après avoir commencé
de compter par le parquet, on fait le tour de la chambre en allant de gauche à droite, commençant par le
mur de la cheminée et finissant par celui de la porte.

Si l'on a besoin d'un plus grand nombre de numéros on pourra faire, dans une autre pièce, une semblable distribution en commençant par 51, qu'on placera à la première case du parquet ; et, suivant ce que

nous avons dit , on parcourra successivement les parois de gauche à droite, qui seront commandées par les numéros 60 , 70 , 80 , 90, servant toujours de point de départ à la dixaine qui les suit. On finira par le numéro 100, qui fermera cette seconde chambre ; après quoi on peut créer de nouvelles pièces , et y suivre la même distribution , en augmentant les nombres ou recommençant à volonté ceux déjà mis en œuvre.

Cette première distribution doit être connue de manière à savoir sur-le-champ , et sans hésiter, à quel lieu répond un numéro demandé.

On peut remarquer que par une combinaison très-ingénieuse qui résulte de l'emploi des parties du plafond, le premier chiffre indique toujours la paroi et le second la case.

Il faut observer que

Le parquet s'appelle paroi zéro ,
Le mur de la cheminée     1re. paroi ,
Le mur de la croisée      2e. paroi,
Le mur de la commode      3e. paroi,
Le mur de la porte        4e. paroi.

Soit demandée la place qu'occupent dans la première chambre les numéros 8. 17. 25. 33. 46.

SOLUTIONS.

## SOLUTIONS.

8.—Chiffre simple, indique la 8ᵉ. case, paroi zéro, puisque 8 n'est précédé d'aucun chiffre.

17. — Première paroi, 7ᵉ. case.

25.—Deuxième paroi, case 5ᵉ., etc.

On sentira tout l'avantage de cette distribution; mais une difficulté semble se présenter; comment lier des idées, des faits avec des numéros toujours abstraits et qui ne laissent aucune impression dans l'esprit ?

C'est pour parer à cet inconvénient qu'on a pensé devoir substituer des choses à ces chiffres ; les choses laissent des images, et ces images se liant avec la nouvelle impression qu'on veut retenir, la ramènent à la mémoire plus facilement.

Une nouvelle difficulté se présentait encore : Comment fixer toutes ces images premières , qui serviront de base constante ? Comment éviter entre elles une confusion qui paraît d'abord inévitable ?

Il a donc fallu trouver un moyen nouveau. Celui qu'on a imaginé remplit parfaitement le but qu'il fallait atteindre; il classe les images par ordre numé-

B

rique, et l'on ne doit pas redouter la confusion, puisque l'image même est prise dans la conformation du
chiffre qui doit en indiquer la place : ces images sont
plus ou moins heureusement imaginées. Le mnémoniste peut les changer; voici celles dont nous ferons
usage.

## ÉNONCIATION DES FIGURES.

1. Observatoire.
2. Cygne.
3. Rempart.
4. Miroir.
5. Fauteuil.
6. Cor de chasse.
7. Faulx.
8. Tête de cerf.
9. Poêlon.

Paroi zéro, ou parquet de
la première chambre. Voyez
planche n°. 1, premier trait,
et planche n. 2, développement ou parquet.

10. Jet-d'eau.

Tenant au plafond et placé
au-dessus du n°. 12.

11. Echelle.
12 Fumeur.
13. Temple de la gloire.
14. Diogène et sa lanterne.
15. Cep de vigne.
16. Cérès.
17. Charpentier.
18. Cloutier.
19. Robinson.

Paroi première ou mur de la
cheminée dans la première
chambre.
Voyez planche n°. 3, pre-
mier trait, et planche n°. 4,
développement de cette paroi.

20. Oie rôtie.

Tenant au plafond et placé
au-dessus du n°. 22.

21. Voltigeur.
22. Oiseaux de proie.
23. Chameau.
24. Chien.
25. Lion.
26. Coq.
27. Trompette.
28. Cheval de bât.
29. Agneau paschal.

Paroi deuxième ou mur de la croisée dans la première chambre.
Voyez planche n°. 5, premier trait, et planche n. 6, développement de cette paroi.

30. Avalanche.

Tenant au plafond et placé au-dessus du n°. 32.

31. Guillaume-Tell.
32. Brebis égarée.
33. Nuages.
34. Moulin à vent.
35. Job sur le fumier.
36. Chapeau d'officier.
37. Télégraphe.
38. Pâturage.
39. Quenouille.

Paroi troisième ou mur de la commode dans la première chambre.
Voyez planche n°. 7, premier trait, et planche n°. 8, développement de cette paroi.

40. Caisse de montre.

Tenant au plafond et placé au-dessus du n°. 42.

41. Gril à rôtir.
42. Moissonneur.
43. Pâtissier.
44. Clavecin.
45. Turc sur un sopha.
46. Eglise.
47. Fontaine.
48. Horloge à sable.
49. Verger.

Paroi quatrième ou mur de la porte dans la première chambre.
Voyez planche n°. 9, premier trait, et planche n°. 10, développement de cette dernière paroi.

B 2

| 5o. Gagne-petit. | Au centre du plafond, et servant de clef pour fermer la voute. |

On voit par la distribution de cette première chambre, que l'ordre numérique o, 1, 2, 3, 4, 5, 6, 7, 8, 9, est toujours conservé, et que la distribution de chaque paroi de 3 en 3 est rigoureusement observée.

Ainsi, les nombres 1. 11. 21. 31. 41. sont toujours les premiers de leurs parois respectives; 5. 15. 25. 35. 45. en occupent le centre; et 9. 19. 29. 39. 49. se trouvent à la dernière case.

On remarquera que le plafond ne présente que cinq cases qui sont occupées par les nombres 10, 20, 30, 40, 5o, formant ensemble la figure 5, planche n°. o. Cette seule différence, avec la distribution ordinaire par trois fois trois, ne fera jamais naître de difficulté, parce que chacun des nombres 10. 20. 30. et 40. doit être considéré relativement à la paroi qu'il commande et non relativement au plafond dont il fait partie.

Voici maintenant le détail des images de la seconde chambre.

| 51. Perruquier. 52. Junon et le paon. 53. Dragon volant. 54. Femme à sa toilette. | Paroi zéro ou parquet de la seconde chambre. Voyez planche 11e. pre- |

55. Flotte.
56. Ménétrier.
57. Danse d'ours,
58. Fruitière.
59. Paradis terrestre.

mier trait, et planche 12º. développement du parquet.

60. Jeu de paume.

Placé au plafond, au-dessus de 62.

61. Flacon électrique.
62. Galère à oiseau.
63. Fusil.
64. Lanterne magique.
65. Malade.
66. Ciseaux.
67. Sentinelle.
68. Cafetier.
69. Vase à fleur.

Paroi première ou mur de la cheminée dans la seconde chambre.
Voyez planche nº. 13, premier trait, et 14, développement.

70. Roue de loterie.

Placé au plafond au-dessus de 72.

71. Voiturier.
72. Corbeau.
73. Convoi funèbre.
74. Batteur en grange.
75. Serpent d'airain.
76. Jardinier.
77. Crosses.
78. Boucher.
79. Bucheron.

Paroi deuxième ou mur de la croisée dans la seconde chambre.
Voyez planche nº. 15, premier trait, et 16, développement.

80. Calice.

Placé au plafond, au-dessus du nº. 82.

81. Chandelier.
82. Poule couveuse.
83. Cabriolet.
84. Traîneau de charge.
85. Enlèvement d'Europe.
86. Verre à liqueur.
87. Timbalier.
88. Combat de taureaux.
89. Ecritoire et plume.

Paroi troisième ou mur de la commode dans la seconde chambre.
Voyez planche n°. 17, premier trait, et planche n°. 18, développement.

90. Pommier.

Placé au plafond, au-dessus de 92.

91. Enfant prodigue.
92. Oiseau pique-bois.
93. Pipée.
94. Tilleul à danse.
95. Bergère.
96. Poirier.
97. Porte-enseigne.
98. Boulanger.
99. Susanne.

Paroi quatrième ou mur de la porte dans la seconde chambre.
Voyez planche n°. 19, premier trait, et planche n°. 20, développement.

100. Balance.

Placé au centre du plafond et faisant la clef de la voûte.

On voit que l'observation à laquelle a donné lieu la position des nombres 10. 20. 30. 40. et 50. de la première chambre (page 20), s'applique également aux nombres 60. 70. 80. 90. et 100 de la deuxième.

Il est peu de nomenclatures pour lesquelles le Mnémoniste se verra forcé d'aller au-delà du nombre 100; mais, outre les ressources infinies que l'habitude, et ce

qui nous reste à dire, lui donneront, il peut de lui-
même aller au-delà, et composer ses figures d'après
les principes que nous avons établis.

Pour plus grande facilité, nous donnons ici (fin de
ce chapitre) quatre cents autres figures, formant quatre
séries de 1 à 100; mais on peut aller à l'infini.

Nous croyons qu'il vaut beaucoup mieux se res-
treindre à 100, et moins s'il est possible. Il doit suffire
de trouver de bonnes applications ; et l'on ne doit jamais craindre, quoiqu'on ait fixé dans une même case
des objets qui se rattachent à l'histoire, à la jurisprudence, à la chronologie, etc., etc., de prendre une
image pour une autre : en effet personne ne répondra
que le dix-neuvième roi de France est Mahomet.

### E X E M P L E

*Pour retenir une certaine quantité de mots.*

Soit donné à retenir une suite de substantifs pris
au hasard.

J'ai sous la main le premier volume de la corres-
pondance de M. de Voltaire, édition *in-4°*., et prenant le premier mot de chaque page, en commençant
par la première, je trouve,

1. Petite chienne.

2. Zéphyr.

3. Solitude.

4. Campagne.

5. Lit.

6. Ville.

7. Bonnet.

8. Estomac.

9. Malade , etc.

Pour retenir ces mots dans l'ordre où ils se trouvent, je fais mes rapports. Parmi tous ceux qui se présentent, je m'arrête à ceux-ci :

1°. Je place ma *petite chienne* en védette sur l'observatoire, pour m'avertir de l'approche des étrangers.

2°. Je regarde mon cygne dans son bassin , et je m'apperçois que ses plumes sont fortement agitées par le *Zéphyre*.

3°. Mon rempart est presque détruit ; la guerre a désolé les environs qui n'offrent plus qu'une vaste *solitude*.

4°. Cette glace heureusement placée en face de la croisée, offre une belle vue et répète la *campagne*.

5°. Cette chaise longue présente assez de place pour y faire un *lit*.

6°. Le bruit du cor de chasse réveille l'habitant des *villes*.

7°. Je place un *bonnet* sur la pointe de ma faulx.

8°. Mon cerf ne peut courir : son *estomac* est enflé et traîne jusqu'à terre.

9°. On fait cuire dans le poëlon des alimens pour le *malade*.

Si maintenant on me demande quel mot est placé au n°. 2? 2 ou cygne sont pour moi la même chose; je cherche le rapport que j'ai fait, et je me souviens que les plumes du cygne sont agitées par le *zéphyre*. Veut-on le huitième mot? je songe au cerf dont la marche pénible et lente me rappele l'*estomac* gonflé.

Si changeant la question, on demande quelle place occupe le mot *bonnet* ? je cherche le rapport que j'ai établi, et la faulx me donne le n°. 7, etc.

Nous offrirons les applications générales dans les chapitres qui traitent des Sciences.

*Série de 400 figures propres à faciliter les rapports.*

1. Tour de Babel.
2. Lycaon changé en loup.
3. Parnasse.
4. Labyrinthe.
5. Serpent à sonnettes.
6. Cornes d'abondance.
7. joueur de clarinette.

8. Midas.
9. Narcisse changé en Fleur.

10. Mars.
11. Castor et Pollux.
12. Samson et le lion.

13. Pluton.
14. Appelles.
15. L'homme et la couleuvre.
16. Ecureuil.
17. Faisceaux romains.
18. Orphée.
19. Pomone.

20. Argus changé en paon.
21. Centaure.
22. Char de Vénus.
23. Pégase.
24. Eléphant à tour.
25r Jupiter sur son aigle.
26. Phénix.
27. Don Quichotte.
28. La Poule aux œufs d'or.
29. Cerbere gardant la pomme d'or.

30. Sisiphe.
31. Cupidon.
32. Calisto changée en ours.
33. Monts des géans.
34. Arche de Noé.
35. Saut de Télémaque.
36. Pyramide d'Egypte.
37. Toison d'or conquise.
38. Amalthée.
37. Volcan.

40. Temple à quatre colonnes.
41. Caron avec sa barque.
42. Lion sur le tombeau.
43. Grotte de Calipso.
44. Boîte de Pandore.
45. Hercule sur le bucher.
46. Clio , muse de l'histoire.
47. Vulcain.
48. Bœuf Apis.
49. Jardin des Hespérides.

50. Ixion et la roue.

51. Phare.
52. Prométhée et le vautour.
53. Dédale.
54. Pénélope qui brode.
55. Laocoon.
56. Renommée.
57. Saturne.
58. Euterpe.
59. Clotho , l'une des parques

60. Terme.
61. Cornemuse.
62. Cigogne et renard.
63. Colombe de l'arche.
64. Tour à Galerie.
65. Némèse sur son trône.
66. Tentes.
67. Souffleur de bouteilles.
68. Empoisonneur.
69. Chinois.

70. Siphon.
71. Saturne ou le tems.
72. Aigle française.
73. Colporteur.
74. Gouvernail.
75. Pompe à feu.
76. Peintre à la fresque.
77. Levée en masse.
78. Sacrificateur.
79. Marque-route.

80. Tête de Méduse.
81. Hercule et le cerf.
82. Cheval de Troie.
83. Bœuf ailé.
84. Charretier embourbé.
85. Bacchus sur le tonneau.
86. Distillateur.

87. Orion à la chasse.
88. Les deux vaches de l'arche.
89. La Paix.

———

90. Pomme d'or.
91. Tantale.
92. Cormier.
93. Renard et les raisins.

94. Palmier.
95. Virgile.
96. Arbre de la liberté.
97. La Cible.
98. Cerf-volant.
99. Philémon et Baucis.

———

100. Justice.

———

1. Magasin à poudre.
2. Cheval Incitatus.
3. Les trois Grâces.
4. Jardin de plaisance.
5. Trône.
6. Encensoir.
7. Gibet.
8. Actéon changé en cerf.
9. Arbre de Diane.

———

10. Judith avec la tête d'Holopherne.
11. Pigmalion et sa statue.
12. Aigle impériale.
13. Hercule et Cerbère.
14. Solon.
15. Esculape.
16. Porteur de hotte.
17. Sapeur.
18. Caducée.
19. Juda pendu.

———

20. Diogène sortant du tonneau.
21. Aveugle et son chien.
22. Oies du Capitole.
23. Harpie.
24. Voiture.
25. Porus sur son éléphant.
26. Charue de Quinctius.
27. Chevalier au tournois.

28. Timbalier à cheval.
29. Porte-étendard.

———

30. Panthéon.
31. Moïse sur le mont Sinaï.
32. Diane avec l'âne et le chien.
33. Carybde et Scilla.
34. Pont couvert.
35. Andromède liée au Rocher.
36. Casque d'Alexandre.
37. Mineur.
37. Nymphe Io changée en vache.
39. Cèdre du Liban.

———

40. Table ronde.
41. Apollon du Belvédère.
42. Veau d'or.
43. Aigle de l'Apocalypse.
44. Table de la Loi.
45. Régulus en cage.
46. Mausolée.
47. Chaire à prêcher.
48. Urne.
49. Aérostat.

———

50. Uranie.

51. Naufrage.
52. Romulus et la louve.
53. Neptune avec son trident.
54. Crésus au coffre-fort.
55. Cléopâtre et l'Aspic.
56. Ange du jugement.
57. David avec sa harpe.
58. Jupiter et Amalthée.
59. Blanchard dans son para-
chûte.

60. Gladiateur armé.
61. Cavalier à pied.
62. Jambon et le chien.
63. Cloche surmontée du mouton.
64. Catapulte.
65. Régent en classe.
66. Canons montés.
67. Babeure.
68. Bélier.
69. Apothicaire.

70. Machine électrique.
71. La mort.
72. Verge engluée.
73. Samaritaine.
74. Pont-Levis.
75. Balançoire.
76. Persan armé.

77. Duel.
78. Le bouc dans le puits.
79. Foulon et trouble de pê-
cheurs.

80. Soucoupe.
81. Cymballier.
82. Le cerf et le cheval.
83. Chasse au buffle.
84. Tombereau.
85. Laiterie.
86. Mortier et Pilon.
87. Mutius-Scœvola.
88. Les boucs sur le sentier.
89. Thermomètre.

90. Folie.
91. Absalon.
92. Sanglier.
93. Hermitage.
94. Drapeau d'église.
95. Tentation d'Ève.
96. Imprimeur.
97. Arbre infructueux.
98. Noyer.
99. Promenade.

100. Eglise à deux rotondes.

1. Prison.
2. Eléphant.
3. Pic de Ténériffa.
4. Marché.
5. Vilébrequin.
6. Fourneaux.
7. Rasoir.
8. Tabatière.
9. Comète.

10. Atlas.
11. Colonnes d'Hercule.
12. Palefrenier.
13. Esope.
14. Joueur de Gobelets.
15. Empalé.
16. Chien dressé.
17. Faucheur.
18. Trophée.
19. Pavillon de musique turq

20. Chien du cloutier.
21. Anier.
22. Le loup et l'agneau.
23. Autruche.
24. Traîneau.
25. Sancho Pança.
26. Néron à la course.
27. Meneur d'ours.
28. Vivandier.
29. Cheval de parade.

———

30. Lever du soleil.
31. Sénèque sur le Vésuve.
32. L'aigle et le mouton.
33. Orage sur mer.
34. Planchette d'arpenteur.
35. Curtius se jettant dans le gouffre.
36. Belvédère.
37. Calvaire.
38. Nabuchodonosor.
39. Tête à perruque.

———

40. Billard.
41. Idole.
42. Sirène.
43. Isle de Malthe.
44. Livre du destin.
45. Momie assise.
46. Glacière.
47. Cric.
48. Ménagerie.
49. Pot à fleur.

———

50. Brodeuse au tambour.

———

51. Danseur de corde.
52. Androclès et le lion.
53. Le luth.
54. Automate échiquier.
55. Némèse sur son trône.

56. Le sourd et son cornet.
57. Archimède.
58. Fayencier.
59. Momus avec sa marotte.

———

60. Cornue et ballon de chymie.
61. Porte-voix.
62. Souricière.
63. Arbalette.
64. Jardin de plaisance.
65. Evêques.
66. Pistolets.
67. Batelier.
68. Goûter.
69. Cancer du zodiaque.

———

70. Barbier.
71. Porte-croix.
72. Jeu de coqs.
73. Croix champêtre.
74. Boutique en foire.
75. Pilori.
76. Mandoline.
77. Echaffaudage.
78. Pâtre.
76. Soutien d'arbre.

———

80. Globe.
81. Fer à friser.
82. Le bouc et le renard.
83. Combat de taureau et d'ours.
84. Cave.
85. Mendiant et sa besace.
86. Jeu de boule.
87. Pélerin.
88. Pot de fer et pot de terre.
89. Brasseur.

———

90. Chêne et citrouille.
91. Marque-accident.

92. Lacets à Oiseaux.
93. Coignassier.
94. Epouvantail.
95. Chêne et roseau.
96. Eau de bouleau.
97. Pépiniériste.

98. Ste.-Geneviève.
99. Allée.

100. Entrepôt de salines.

---

1. Beffroi.
2. Perroquet.
3. Mont-Saint-Bernard.
4. Damier.
5. Anguille.
6. Eteignoir.
7. Hache.
8. Lunettes.
9. Perruque.

10. Tambour.
11. Eglise à deux clochers.
12. Fauconnier.
12. Africain armé.
14. Images.
15. Para-foudre.
16. Mouton à piloter.
17. Menuisier.
18. Laitière.
19. Sculpteur.

20. Nid de cigogne.
21. Postillon.
22. Combat de coqs.
23. Pélican.
24. Herse.
25. Tigre.
26. Hussard à la chasse.
27. Chasse aux perdrix.
28. Hibou.
29. Hulan.

30. Trépied.
31. Châteaufort.
32. Loge à mésanges.
33. Pyrénées.
34. Citadelle.
35. Roche Tarpéienne.
36. Licorne.
37. Grue (machine).
38. Chamois.
39. Chêne.

40. Brouette.
41. Conducteur de radeau.
42. Hyenne en cage.
43. Lit de parade.
44. Jeu de cartes.
45. Vigne.
46. Baromètre.
47. Carrière.
48. Mappemonde.
49. Guéridon.

50. Criblier.

51. Joueur du serpent.
52. Cigogne et le serpent.
53. Fête villageoise.
54. Joueur de tympanon.
55. Serpentine (plante).
56. Fourbisseur.
57. Tire-bouchon.

58. Potier d'étain.
59. Marchand de modes.

_____

60. Bénitier.
61. Ligne à pêcher.
62. Traquenard.
63. Hameçon.
64. Pressoir à l'huile.
65. Scarification.
66. Bottes.
67. Dames à pavé.
68. Cuisinier.
69. Entonnoir.

_____

70. Poulie.
71. Jambe de bois.
72. Girouette.
73. Paveur.
74. Puits.
75. Balcon.
76. Trompe.
77. Pioche à deux pointes.
78. Abreuvoir.
79. Réverbère au poteau.

_____

80. Coquetier.
81. Huilier sans burettes.
82. Chien de chasse.
83. Le bœuf et la grenouille.
84. Magasin d'épicerie.
85. Juif avec son bouc.
86. Vase antique.
87. Trebuchet.
88. Joug de bœuf.
89. Lorgnette.

_____

90. Savonnier.
91. Filets à papillon.
92. Ours grimpant.
93. Haut tilleul.
94. Espalier.
95. Singe sur un arbre.
96. Planteur.
97. Marque-bois.
98. Cocotier.
99. Forêt.

_____

100. Quillier.

_Fin du Chapitre premier._

# CHAPITRE II.

## Des Chiffres ou Nombres.

Les chiffres ou nombres ne peuvent presque jamais se fixer dans la mémoire , parce qu'ils ne présentent qu'une idée toujours vague et abstraite, sans figure ou image qui frappe les yeux ; il a donc fallu trouver le moyen de les animer , de les corporifier , de les changer de nature ; de telle manière, que présentant désormais un objet réel , un corps , une image , la mémoire pût s'en emparer , et à l'aide de la Mnémonique , caser cette image représentative , et la retrouver à volonté, dès qu'il en sera besoin.

Par une suite des principes établis jusqu'ici, on a cherché à remplacer les chiffres par des figures ayant avec eux quelque ressemblance ou analogie.

Les consonnes de l'alphabet sont les chiffres du Mnémoniste ; il se réserve les voyelles a , e , i , o , u , pour former des mots avec les consonnes ou chiffres donnés ; mais les voyelles n'ont aucune valeur dans la numération mnémonique.

*Numération*

## Numération du Mnémoniste.

| Chiffres. | 1 | 2 | 3 | 4 | 5 | 6 | 7 | 8 | 9 | o |
|---|---|---|---|---|---|---|---|---|---|---|
| Lettres correspondantes. | T. TH. | N. | M. | R. RH. | L. | D. | C. K. G. Q. CH. | V. B. H. | P. PH. F. | S. Z. X. |

### EXPLICATION.

1. se change en *t*, lettre la plus droite après l'i, ( mis en réserve comme on sait pour former les mots.)

2. en *n* qui a *deux* jambages.

3. en *m* qui a *trois* jambages.

4. sa forme a quelque analogie avec l'*r*.

5. se change en *l*; il a quelque chose de *l* bouclée.

6. est le *d* retourné.

7. ressemble assez à une potence ; supposons qu'un animal y est accroché par le *col*, la *gorge* ou la *queue*, 7. pourra être représenté par les lettres c, g, q, et par extension, k.

8. est v, b et h bouclés.

9. est le p retourné ; ( le q est consacré au 7 ) ainsi 9 est p.

o. ou zéro, dernier ou premier des chiffres, est représenté par s, z ou x, consonnes siflantes, et qui, dans beaucoup de cas, ont une prononciation semblable.

ON doit remarquer que la lettre h, qui remplace

C

le chiffre 8 , ne compte jamais lorsqu'elle est précédée des lettres t, p, r, c, et qu'ainsi *th* sera t ou 1 ; ph ou f qui se prononce de même, sera p. ou 9. ; rh sera r, c'est-à-dire 4 ; et ch ou k, sera c ou 7.

Essayons quelques applications.

Soit donné à retenir, par ordre , le nombre 5,473,297,743 ; il faut d'abord le diviser en tranches de deux, trois ou quatre chiffres, en commençant de gauche à droite. Il vaut mieux faire la division par deux, parce que, ne comptant que les deux premières consonnes des mots , on se procure plus de facilité pour former des phrases ; car on peut alors se servir indistinctement de mots de deux, trois ou quatre syllabes , pourvu que les deux premières consonnes répondent toujours aux chiffres qu'elles sont destinées à représenter ; il peut arriver que la dernière tranche ne soit composée que d'un chiffre , alors on prendra un mot d'une seule consonne , ou rattachant ce chiffre à la tranche précédente, on formera un mot de trois chiffres, c'est-à-dire de trois consonnes.

Nous divisons ainsi la somme donnée en plaçant sous chacun des chiffres sa lettre correspondante.

$$5\,4\,, \quad 7\,5\,, \quad 2\,9\,, \quad 7\,7\,, \quad 4\,3.$$
$$l\ r\,, \quad c\ m\,, \quad n\ p\,, \quad c\ q\,, \quad r\ m.$$

Maintenant, pour former des mots et des phrases

avec les consonnes qui représentent les chiffres que je
veux retenir , je me sers des voyelles dont je me suis
réservé l'usage , et je dis l.... r, *larme* : je suppose
dans l'observatoire un prisonnier qui répand des
*larmes* : c.... m, *chameau*; je place le *chameau* dans
le bassin du cygne, où il se désaltère : n.... p., *Napoléon* , c'est un héros qui , du haut du rempart , dicte
des lois à l'univers : c.... q, *coquette* qui se farde
devant le miroir : r.... m, *ramoneur* fatigué qui se
repose dans le fauteuil.

Il est évident qu'en rappelant par les principes développés dans la première leçon , chacun des mots
placés dans les cases 1. 2. 3. 4. et 5. du parquet de la
première chambre, je retrouve les mots *larme, chameau , Napoléon , coquette , ramoneur*, dont les
deux premières consonnes me rendent les chiffres
l... r., ch... m, n... p., c... q, r... m.
5  4, 7   3,  2   9,  7   7, 4  5 , somme donnée.

On peut encore simplifier cette méthode en formant une phrase sur les chiffres donnés , et prenant une
seule consonne dans chaque mot et toujours la première.
Soient donnés à retenir les chiffres 9,563,083,169, je
fais une phrase ; celle-ci, par exemple : « *Fuis loin de
» mes yeux* ; *évite-moi ton odieuse présence.* »

On voit que la première consonne de chaque mot

rend le chiffre qu'elle représente, et qu'il est aisé de retrouver la somme entière, telle qu'elle a été donnée.

On peut aussi se faire à l'avance sur toutes les combinaisons de chiffres, des mots choisis et faciles à placer dans les cases de la chambre Mnémonique. Cette méthode conduira le Mnémoniste à se faire peu à peu une espèce de petit dictionnaire qui abrégera beaucoup son travail.

On trouvera à la suite de ce chapitre cent dix mots qui peuvent aider à fixer tous les chiffres suivant leur combinaison par deux : il est facile d'en recueillir d'autres ; et le Mnémoniste aura toujours des moyens variés de retenir une multitude innombrable de chiffres. ( *Voyez* le chapitre qui traite de l'algèbre. )

*Mots qui peuvent aider à retenir les chiffres, et par conséquent les dates chronologiques, les opérations commerciales, etc.*

| | | | |
|---|---|---|---|
| 0. | As. | 00. | Sexe. |
| 1. | Tué. | 01. | Sauteur. |
| 2. | Ane. | 02. | Sein. |
| 3. | Ami. | 03. | Saumon. |
| 4. | Or. | 04. | Souris. |
| 5. | OEil. | 05. | Soulier. |
| 6. | Ode. | 06. | Sodôme. |
| 7. | Hache. | 07. | Sac. |
| 8. | Veau. | 08. | Savon. |
| 9. | Pou. | 09. | Suif. |

| | |
|---|---|
| 10. Tison. | 41. Rat. |
| 11. Tête. | 42. Reine. |
| 12. Tonnerre. | 43. Ramoneur. |
| 13. Tambour. | 44. Aurore. |
| 14. Trépied. | 45. Rôle. |
| 15. Tüile. | 46. Rides. |
| 16. Taudis. | 47. Rage. |
| 17. Tigre. | 48. Rave. |
| 18. Taverne. | 49. Râpe. |
| 19. Taupe. | |
| | 50. Lys. |
| 20. Niais. | 51. Lit. |
| 21. Natte. | 52. Laine. |
| 22. None. | 53. Lime. |
| 23. Numa. | 54. Larron. |
| 24. Nerf. | 55. Lilas. |
| 25. Noel. | 56. Léda. |
| 26. Nœud. | 57. Loge. |
| 27. Niche. | 58. Livre. |
| 28. Navire. | 59. Lapon. |
| 29. Nappe. | |
| | 60. Dais. |
| 30. Messe. | 61. Dot. |
| 31. Mâtin. | 62. Don. |
| 32. Main. | 63. Dame. |
| 33. Maman. | 64. Dard. |
| 34. Miroir. | 65. Déluge. |
| 35. Malle. | 66. Didon. |
| 36. Madône. | 67. Duché. |
| 37. Maquereau. | 68. Douves. |
| 38. Mauviette. | 69. Dupe. |
| 39. Mappemonde. | |
| | 70. Case. |
| 40. Rose. | 71. Cothurne. |

| | | | |
|---|---|---|---|
| 72. | Canon. | 86. | Vuide. |
| 73. | Commode. | 87. | Vicaire. |
| 74. | Curé. | 88. | Vivandière. |
| 75. | Calice. | 89. | Vipère. |
| 76. | Code. | | |
| 77. | Cocite. | | ——— |
| 78. | Cave. | | |
| 79. | Capote. | 90. | Puisard. |
| | | 91. | Patron. |
| | ——— | 92. | Pain. |
| | | 93. | Pomme. |
| 80. | Vase. | 94. | Pourceau. |
| 81. | Voiture. | 95. | Poule. |
| 82. | Vin. | 96. | Poudre. |
| 83. | Vomissement. | 97. | Piquet. |
| 84. | Verdure. | 98. | Pivot. |
| 85. | Violon. | 99. | Pape. |

*Fin du deuxième Chapitre.*

~~~~~~~~~~~~~~~~~~~~~~~~~~~~~~

# CHAPITRE III.

~~~~~~~~~~~~~~

*La Mnémonique appliquée à l'Arithmétique.*

Nous ne parlerons que de la multiplication, les principes que nous allons développer étant également applicables, en les modifiant, à l'addition, à la soustraction et à la division.

### De la Multiplication de mémoire.

Il faut, pour faire une multiplication de mémoire, c'est-à-dire, sans qu'on ait besoin d'écrire aucun chiffre, substituer, comme nous l'avons dit précédemment, des mots ou images aux nombres donnés.

> Soit proposée la somme de     71.
> A multiplier par celle de     84.

Cherchons deux mots dont l'un ne contienne que les deux consonnes *C T*, et l'autre les deux consonnes *V R*, et exprimant, le premier, 71, le second, 84; nous aurons à multiplier le mot *couteau*, par exemple, par le mot *ivoire*; ces deux mots représentent et rappellent les facteurs.

### Tableau de l'Opération.

```
    71   couteau.
    84   ivoire.
   ──────
   284 │  11—11  or.
   568-│  22—12  vin.—22  Eve.
Total  5,964    13  âne.—23  idole.
                    24  loi.
```

Total

1 *Observatoire*, rappelle *Or.* qui donne 4 ⎫
2 *Cygne*,        rappelle *Dot.* qui donne 6 ⎬ 5,964
3 *Rempart*,      rappelle *Epi.* qui donne 9 ⎪
4 *Miroir*,       rappelle *Loi.* qui donne 5 ⎭

*Suivons l'opération.*

QUATRE fois 1 (ou t multiplié par r, ) donnent 4 ou r. Cherchons un mot ne renfermant que la consonne r. *Or*, par exemple, fixons ce mot.

IL est nécessaire de réserver tout le parquet de la chambre mnémonique pour caser le produit total de la multiplication ; ainsi, nous plaçons *or* à la case 11 Echelle, supposons que l'échelle est d'*or*.

QUATRE fois 7 (ou c multiplié par r,) donnent 28. Cherchons un mot qui renferme les deux consonnes *n v*, non dans cet ordre, car le premier chiffre à fixer est 8 et non 2. On doit remarquer ici qu'il est indispensable, lorsque le produit se trouve de deux chiffres, de les renverser avant de chercher le mot ou l'image qui doit les remplacer ; car, dans le nombre 28, le chiffre le plus intéressant à fixer est 8, puisque 2 représente des dixaines destinées le plus souvent à se confondre avec des unités de même valeur; et, en effet, dans 28, nous posons 8 , chiffre invariable et retenons 2, soit pour l'avancer simplement ou l'ajouter à de nouvelles dixaines. Ainsi quatre fois 7 donnent 28; nous renversons, c'est 82 ou *v n* ; prenons *vin*, et fixons ce mot à la case 12 qui représente le fumeur; supposons-le malade pour avoir bu trop de *vin*. Dans cet exemple, il faut avancer le 2 ; car nous n'avons plus de chiffres à multiplier. 2 égale *n* , cherchons un mot d'une seule syllabe ; ce qu'il faut observer toutes les fois qu'on ne peut fixer qu'un chiffre , prenons *âne* , et fixons-le , par contraste , au temple de la gloire , c'est-à-dire à la case 13.

Observons , que dans les produits partiels , le premier chiffre de chaque case détermine le rang de ces mêmes produits, c'est-à-dire le premier , le deuxième ou le troisième produit, selon que l'opération en donne plus ou moins, et que le second chiffre indique le rang que chaque chiffre occupe dans le produit partiel auquel il appartient; ainsi, dans la partie d'opération que nous venons de faire , on voit , par

exemple , que la case 11 donne premier produit ,
premier chiffre; la case 12, premier produit, deuxième
chiffre ; la case 13 , premier produit , troisième
chiffre. Déjà le Mnémoniste peut satisfaire à des
questions au–dessus de la mémoire naturelle : qu'on
lui demande dans l'exemple ci-dessus quel est le
deuxième chiffre du premier produit? d'après le prin-
cipe développé , le simple énoncé de la question lui
suffit pour se reporter à la case 12, où il trouve le
mot *vin* , dont la première consonne *v* égale 8. Il
répond sans hésiter 8. On ne pense pas que la mémoire naturelle la plus heureuse , pût atteindre ce
résultat.

Passons ensuite au second produit; huit fois 1 ( ou *t*
multiplié par *v*, ) donnent 8 ou *v* ; cherchons un mot
d'une seule syllabe , *Eve*; à quelle case ce mot sera-t-il
placé ? La nature même des unités détermine la place
qu'il doit occuper : sous le 4 du premier produit est
un — ou zéro , qui indique qu'on a multiplié des
dixaines ; *Eve* est donc le deuxième chiffre du
deuxième produit, et doit être placé à la case 22 , oiseaux de proie. Fixons ce mot, *Eve :* imaginons , par
exemple , qu'après sa désobéissance , les remords la
rongèrent comme des *oiseaux de proie.*

Huit fois 7 donnent 56 , et renversant l'ordre des
chiffres 65 ou *d l, idole*; le chameau 23, promène

l'*idole* les jours de fête. D'après nos principes, dans
*idole*, le *d* sert à fixer le 6 ; mais *l* ou 5 n'est là que
pour mémoire et provisoirement : en effet, en 56 on
pose 6 et l'on retient 5 qu'il faut avancer.

5 égale *l* ou *loi* ; plaçons ce mot à la case 24 ; supposons que le *chien de garde* veille à la conservation
de la *loi*.

### Résumé ou Addition.

CETTE dernière opération se fait en rappelant et
additionnant ensemble les chiffres placés sur les cases
dont la finale est la même ; ainsi, pour faire l'addition
de la multiplication Mnémonique, on parcourra
successivement les cases 12. 22. ; 13. 23. 33. ; 14. 24.
34. 44., etc. Nous ne désignons pas la case 11, qui
ne peut correspondre qu'à des — ou zéros, puisque
chaque nouveau produit a reculé d'un chiffre. Le produit total ou addition se fera sur les cases du parquet, laissées en réserve à cet effet.

### Addition de la première colonne.

JE me reporte à la case 11 ; j'y trouve *échelle d'or :*
*or*, c'est 4 : total 4 ou r. Faisons encore usage du même
mot *or*, et disons que l'*observatoire* renferme beaucoup
d'*or* ; on remarquera qu'on doit toujours, à moins que
l'application ne paraisse trop difficile, ce que l'habitude d'ailleurs surmonte bientôt, se servir, pour les
mêmes chiffres, des mots qu'on a déjà employés.

*Addition de la seconde colonne.*

à la case 12 , *fumeur* qui a trop bu de *vin* ; v, c'est. 8.

à la case 22, *oiseaux de proie* ; c'est *Ève* en proie aux remords ; *Ève :* c'est 8, 8 et 8 font 16, et renversé 61 ou d t ; prenons *idiot*, et fixons ce mot à la case 2 , qui nous représente l'*oie* ou le *cygne*. Le *t* du mot *idiot* représente , comme on sait , le chiffre retenu 1.

*Addition de la troisième colonne.*

à la case 13 , *temple de la gloire* , nous trouvons *âne* , c'est 2 qui avec 1 retenu font 3.

à la case 23 , l'*idole* que porte le *chameau* ; *idole*, c'est 6 et les 3 ci-dessus font 9 ou p, *épi*; plaçons ce mot à la case 9 ou *rempart*, sol aride où l'*épi* ne profite point.

*Addition de la quatrième colonne.*

à la case 14, *Diogène* ; nous ne trouvons pas de rapport ; on se rappelle aisément qu'on n'y a rien fixé.

à la case 24, le *chien* qui veille à la conservation de la *loi* ; *loi*, c'est 5 ; plaçons ce même mot à la case 4 ou *miroir* : la *loi* est le *miroir* de la justice.

Maintenant, on voit que le produit total est placé dans les cases 1..2.3. et 4. , et pour l'énoncer , il faut commencer par la dernière case , et revenir de droite à gauche ; ainsi *loi*, *épi*, *idiot*, *or*, donnent 5,964 , produit de 71 , multiplié par 84.

Toute l'opération est tellement fixée dans la mémoire, qu'on sait la place de chaque chiffre et tous les chiffres retenus. Si l'on demande, par exemple, le second chiffre du premier produit, on sait que le rang du produit indique la dixaine et le second chiffre l'unité ; ainsi,

Premier produit, c'est    10.

Second chiffre , c'est    2.

_____

Total   12. fumeur.

Cherchons l'image que nous avons fixée : *le fumeur* a pris trop de *vin* : *vin*, c'est v n ou 8 2, donc le chiffre demandé est 8 et le chiffre retenu est 2.

Veut-on le troisième chiffre du deuxième produit ?

Second produit    20.

Troisième chiffre.    5.

_____

Total   25. chameau.

Cherchons l'image fixée : *le chameau* porte *l'idole* ; *idole*, c'est d l ou 6 5, donc le chiffre demandé est 6 et le chiffre retenu 5.

Nous présenterons deux opérations faites. On pourra en suivre le détail d'après les principes que nous venons de développer.

*Multiplication de trois chiffres contre trois chiffres.*

185  table.
729  canif.

| | | | | | |
|---|---|---|---|---|---|
| 1665 | 11 | 11 Laure. | 21 » | 31 » | |
| 370 - | 22 | 12 Doge (de Venise.) | 22 Sot. | 32 » | |
| 1295- - | 33 | 13 Dot. | 23 Chat. | 33 Lame (bonne lame) | |
| 134,865 | | 14 Tué (homme tué) | 24 Ami. | 34 Epaule. | |
| | | 15 « | 25 « | 35 Natte. | |
| | | 16 « | 26 « | 36 Tué. | |

On voit que dans le premier résultat, le chiffre 5 est le premier du premier produit. — Dans le second, le chiffre zéro est le deuxième du deuxième produit. — Dans le troisième, le chiffre 5 est le troisième du troisième produit.

Addition.

| | | | | | |
|---|---|---|---|---|---|
| 11. Laure. | 12. Doge. | 13. Dot. | 14. Tué. | 15. " | 16. " |
| 21. » | 22. Sot. | 23. Chat. | 24. Ami. | 25. " | 26. " |
| 31. » | 32. » | 33. Lame. | 34. Epaule. | 55. Natte. | 36. Tué. |

1. Loi. 2. Dé. 3. Voiture. 4. Rôti. 5. Ami. 6. Tué.

Ce produit des six colonnes se trouve dans les cases : 1 observatoire, *Loi.* — 2 Cygne, *Dé.* — 3 Rempart, *Voiture.* — 4 Miroir, *Rôti.* — 5 Fauteuil, *Ami.* — 6 Cor de chasse, *Tué.*

*Multiplication de quatre chiffres contre quatre chiffres.*

Multiplions  7,412  Carton.
Par  9,755  Ficelle.

Faisons l'opération de mémoire, et employons,
pour le moment, au lieu de chiffres, des cases destinées à les recevoir comme on verra plus bas.

| Nos. répondans à chacun des carrés ci-contre, suivant l'ordre qu'ils occupent dans l'opération. | |
|---|---|
| 4 5 2 1 | ☐ ☐ ☐ ☐ multiplicande. |
| 4 5 2 1 | ☐ ☐ ☐ ☐ multiplicateur. |
| 5 4 5 2 1 | ☐ ☐ ☐ ☐ ☐ 1er. produit. |
| 6 5 4 3 2 1 | ☐ ☐ ☐ ☐ ☐ ☐ 2me. produit. |
| 7 6 5 4 3 2 1 | ☐ ☐ ☐ ☐ ☐ ☐ ☐ 3me. produit. |
| 8 7 6 5 4 5 2 1 | ☐ ☐ ☐ ☐ ☐ ☐ ☐ ☐ 4me. produit. |
| 8 7 6 5 4 5 2 1 | ☐ ☐ ☐ ☐ ☐ ☐ ☐ ☐ Total. |
| | 8 7 6 5 4 5 2 1 |

Si l'opération est faite d'après les principes établis,
et qu'on demande quel chiffre, par exemple, se trouve
le cinquième du troisième produit :

On dit troisième produit     3o.
Cinquième chiffre     5.

Job sur son fumier     55.

On trouve le rapport qu'on a fait : la première
consonne du mot fixé rend le chiffre posé, et la
seconde le chiffre retenu.

On aura en résultat ,

$$7\overset{'}{4}12.$$
$$9755.$$

$$\overline{\begin{array}{l} 37060 \\ '37060\text{-} \\ 51884\text{-}\text{-} \\ 66708\text{-}\text{-}\text{-} \end{array}}$$

$$\overline{\overline{72,304,060}}$$

PLACÉS au parquet dans cet ordre , à commencer par observatoire o. 6. o. 4. o. 3. 2. 7.

On doit remarquer qu'avec cette manière d'opérer, on peut interrompre l'opération et la reprendre où on l'a laissée , sans perdre ce qui est déjà fait, et que chaque case de la table mnémonique rend fidèlement les chiffres qui lui ont été confiés, de quelque nature qu'ils soient.

*Fin du troisième Chapitre.*

CHAPITRE

# CHAPITRE IV.

*La Mnémonique appliquée à l'Histoire et à la Chronologie.*

L'APPLICATION de la Mnémonique se fait avec beaucoup de succès, à l'étude de l'Histoire et de la Chronologie : si au premier apperçu elle présente des difficultés, un peu d'attention, et quelques essais des
procédés que nous allons développer, les surmonteront
promptement. Pour n'avoir point de changemens à
apporter aux faits, aux évènemens et aux dates que
l'on voudra fixer dans la mémoire, on doit opérer sur
de bons tableaux et de bons livres. L'analyse et la méthode continueront de guider nos démonstrations.

Nous distinguons trois Ères, ou grandes époques :

La première comprend l'histoire ancienne et tous
les évènemens qui ont précédé la naissance de Jésus-
Christ;

La seconde embrasse l'intervalle écoulé depuis
Jésus-Christ jusqu'au siècle présent ;

Et la troisième, le temps présent, c'est-à-dire les
faits mémorables qui se sont passés sous nos yeux.

D

Quel que soit le mode qu'on adopte pour fixer les
dates et les faits de l'histoire, il sera bon, pour mettre
plus d'ordre dans les idées, et se ménager des points
fixes de rappel, de classer d'abord les dates des principaux faits et des évènemens les plus remarquables,
qu'il n'est pas permis d'ignorer, tels que ceux-ci :

| Ans du Monde. | Ans de Rome. | Histoire Ancienne. |
|---|---|---|
| 1656. | | Déluge. |
| 2421. | | Ère Attique. Cécrops. |
| 2720. | | Expédition des Argonautes. |
| 2794. | | Siége de Troie par les Grecs. |
| 3000. | | Salomon roi des Juifs. Sésostris. |
| 3119. | | Fondation de la ville de Carthage. |
| 3226. | | Ère vulgaire des Olympiades. |
| 3234. | | Monarchie des Assyriens, fondée par Phul. |
| 3249. | 1. | Fondation de la ville de Rome. |
| 3255. | 7. | Ère de Nabonassar. |
| 3393. | 145. | Destruction du royaume des Juifs par les Assyriens. |
| 3463. | 215. | Prise de Babylone par Cyrus. Monarchie des Perses. |
| 3493. | 245. | Origine de la république Romaine. Ère des Consuls. |
| 3571. | 323. | Guerre du Péloponèse. Thucydides. |
| 3672. | 424. | Fin des Perses. Monarchie d'Alexandre-le-Grand. |
| 3690. | 442. | Ère des Séleucides. |
| 3697. | 449. | Partage de la monarchie d'Alexandre en trois Empires, ceux de Macédoine, de Syrie et d'Égypte. |

| Ans du Monde. | Ans de Rome. | Ans avant J. C. | Histoire Ancienne. |
|---|---|---|---|
| 3738. | 490. | 262. | Première guerre punique. |
| 3835. | 587. | 165. | Fin du royaume de Macédoine. |
| 3856. | 608. | 144. | Destruction de Carthage. Sac de Corynthe. |
| 3936. | 688. | 64. | Fin du royaume de Syrie. |
| 3962. | 714. | 38. | Ère d'Espagne. |
| 3971. | 723. | 29. | Bataille d'Actium. Fin de la république Romaine. Auguste I⁽ᵉʳ⁾. empereur. |
| 3972. | 724. | 28. | Fin du royaume d'Égypte. |
| 4000. | 752. | „ | Naissance de Jésus-Christ. |
| 4004. | etc. | „ | |

( *Tablettes chronologiques de* M. Koch, *Strasbourg*, 1802. )

Pour fixer les dates historiques que nous venons de rapporter, on fera usage des cases de la première chambre mnémonique, planches nos. 2, 4, 6, 8 et suivantes.

La substitution des consonnes aux chiffres, peut retrouver ici une application heureuse. Supposons qu'on ait à fixer l'époque du Déluge, qui arriva l'an du monde 1656 : les consonnes représentatives de ces chiffres sont T, D, L, D ; formons-en un mot ou une périphrase, qui se lie par un rapport quelconque à l'idée du Déluge ; cet évènement occupant la première place dans l'ordre historique, elle doit aussi lui être réservée dans nos cases Mnémoniques : on se représentera, par exemple, un homme monté au faîte de l'*Observatoire*, et déjà submergé par les eaux qu'il s'étudie à *éluder* ; t d, l d, expriment 1656. Ces rapports plus ou moins heureux, remplissent le but qu'on se propose ; et leur bisarrerie même contribue souvent à les graver plus profondément dans la mémoire.

On fixera de même les époques suivantes sur le *cygne*, le *rempart*, le *miroir*, etc.

L'histoire Grecque et Romaine offrant plus d'intérêt et sa chronologie étant plus déterminée, on lui consacrera une ou plusieurs maisons, composées chacune de dix chambres. (*Voyez* planche n°. 0, figure 6.)

Chacune des chambres sera divisée en 10 panneaux des
tinés à recevoir les faits de dix années. Le parquet sera
pour les années décennaires 10, 20, 30, etc. Le mur
de la cheminée pour les années 1, 2, 3, etc. chambre
n°. 0. — 11, 12, 13, etc. chambre n°. 1, — 21, 22,
23, etc. ; chambre n°. 2, — etc. le mur de la croisée
pour les années 4, 5, 6, —14, 15, 16, — 24, 25,
26, etc. ; le mur de la commode pour les années 7, 8,
9, —17, 18, 19, — 27, 28, 29, etc. On voit que le
mur de la porte n'est point employé ; on peut le supposer enlevé, et laissant à découvert les trois côtés de la
chambre, en sorte que l'édifice devient à nos yeux
un vaste livre incessamment ouvert, et qui présente
sur une seule feuille les évènemens d'un siècle
entier.

On voit que cette distribution conserve parfaitement
l'ordre numérique dont nous avons posé les principes,
et que la chambre qui comprendra les 9 premières années, est appelée *chambre zéro*, puisqu'elle n'a point
*dix ans ; (voyez* pl. 0, fig. 7, ) de même, si pour fixer
l'histoire de plusieurs siècles on employe plusieurs
maisons, une pour chaque siècle, celle qui contiendra
les 99 premières années s'appellera *maison zéro*. Cette
manière de compter aura cet avantage, qu'en énonçant
l'année dont on veut retrouver les faits, son chiffre
indique la place même où on les a fixés, chaque maison portant sur son frontispice le n°. de son siècle,

comme on le verra pour l'étude de l'histoire de la deuxième Ère.

Celle-ci embrasse les événemens qui se sont passés depuis la naissance de Jésus-Christ jusqu'à nous, c'est-à-dire 19 siècles y compris celui qui commence. On choisira 19 maisons, toutes distribuées comme nous venons de le dire, chacune est destinée à recevoir les faits d'un siècle.

La première maison s'appellera *maison zéro*; elle n'aura point d'année séculaire, et contiendra les 99 premières années; savoir, *chambre zéro* les années de 1 à 9 compris : le parquet de cette chambre n'est point employé, ( *voyez* planche 0, fig. 7.-AA ): la chambre n°. 1, de 10 à 19 compris : la chambre n°. 2 de 20 à 29, et de même de 10 en 10 jusqu'à la chambre n°. 9, qui contiendra les années de 90 à 99, en remarquant que les années 10, 20, 30, etc., sont fixées sur les parquets des chambres n°s. 1, 2, 3, etc. L'année 100 appartient à la seconde maison, et se place au parquet de la chambre n°. zéro.

La seconde maison, ou maison n°. 1, contiendra les années de 100 à 199 compris. L'année 200 appartient à la troisième maison, et se fixe au parquet de sa chambre n°. zéro.

La 19°. maison ou maison n°. 18, représentera le

19°. siècle, c'est-à-dire les faits qui datent de l'an 1800, ( toujours fixé au parquet de la *chambre zéro* , ) jusqu'à l'an 1899, qui se trouve au 9°. panneau de la chambre n°. 9.

Nous avons dit que la simple énonciation de l'année suffisait pour en indiquer la place ; en effet, en comptant de droite à gauche, le chiffre des unités indique le panneau ; celui des dixaines , la chambre ; et celui des centaines, la maison. Si l'année demandée n'était indiquée que par un seul chiffre , il faudrait idéalement le faire précéder de deux zéros : si cette année était indiquée par deux chiffres, ils seraient précédés d'un seul zéro ; car chaque maison devant contenir 100 années , nous devons trouver les trois nombres du siècle , de la dixaine et de l'année.

Soient demandées les places des années 8, 17, 129, 1581.

8°. année, c'est 008, et nous disons 8°. panneau , chambre zéro , maison zéro.

17°. année, c'est 017. Nous trouvons 7°. panneau, chambre n°. 1, maison zéro.

129°. année , nous n'avons rien à ajouter à ce nombre , puisqu'il est composé de trois chiffres qui indiquent 9°. panneau, chambre n°. 2 , maison n°. 1.

1581ᵉ. année, panneau 1ᵉʳ., chambre 8ᵉ., maison 15ᵉ.

On fera choix pour ces maisons de bâtimens connus, en observant toutefois de consacrer la maison que l'on habite aux évènemens du siècle qui nous intéresse le plus. Quelques personnes se sont servi avec succès d'une suite de maisons prises dans une rue quelconque, en les désignant par les objets représentatifs des nombres 1, 2, 3, 4; comme la maison de l'*observatoire*, du *cygne*, du *rempart*, etc.; mais il est peut-être plus à propos d'adopter des édifices publics, en les rattachant aux cases primitives avec lesquelles on doit leur donner quelque rapport ou contraste. La maison numéro zéro est la première; ce chiffre rappelle la tour; ce sera l'observatoire de Paris : la maison n°. 1ᵉʳ. est la deuxième, *cygne* ou *cheval*, ce sera les écuries de l'Empereur : la maison n°. 2 est la troisième, *rempart*, ce sera la bastille : la maison n°. 3, est la quatrième, *miroir*, ce sera la manufacture des glaces : la maison n°. 4, est la cinquième, ou *fauteuil*, on prendra le palais ou siège de la justice : la maison n°. 5, est la sixième, *cor-de-chasse*, elle sera pour nous l'opéra ou le conservatoire de musique : la maison n°. 6, qui est la septième, répond à la case 7, représentée par la faulx; cette maison sera l'école de médecine : et ainsi de suite, pour 8, 9, 10, etc., on prendra la ménagerie, la maison de *Véry* restaurateur , les cascades de Saint-Cloud , etc.

On peut aussi se dessiner un paysage ou un village ; y grouper un certain nombre de maisons , ou les iso- ler , selon que les siècles qu'elles contiennent ont en- semble plus ou moins de rapports ; placer auprès de chacune de ces maisons des ruines , des commence- mens d'édifice , des ponts , des objets d'arts , de sciences , enfin des hommes armés , qui rappelleront encore plus particulièrement la masse de remarques à faire sur tel ou tel siècle , les constructions , les découvertes , les guerres de tel ou tel peuple.

Chaque panneau est consacré à une année ; mais il y a dans l'histoire beaucoup d'années qui n'offrent rien de remarquable ; alors leurs panneaux serviront à peindre avec quelques détails les faits plus multipliés de l'année qui les avoisine ; et le panneau de cette dernière , s'étendra sur les autres. ( *Voyez* plan- che n°. o , figures A. B. C. D. E. F. G. On remar- quera figure B , que le panneau n°. 1 s'étend sur les panneaux 2 et 3 ; figure C , que le panneau 2 s'étend sur 1 et 3 ; figure D , que le panneau 3 s'étend sur 1 et 2. )

Si dans les trois panneaux d'une même paroi , nous avons une année ou deux chargées d'évènemens , et une qui en ait peu ou point , nous pouvons étendre les panneaux comme aux figures E. F. G. de la planche n°. o.

On peut, pour se rappeler un ou plusieurs faits, les peindre grossièrement et supposer cette peinture dans le panneau convenable : ce qu'on figure sur le papier se retient plus aisément, ainsi qu'on aura occasion de le remarquer dans ce qui nous reste à dire sur la troisième Ère.

La troisième Ère est l'histoire du temps présent, d'une époque ou d'un fait donné , ou enfin d'une année quelconque; supposons d'une année.

Les 4 parois de la chambre mnémonique (pag. 14), sont les quatre saisons; chaque paroi sera divisée en trois panneaux , comme il est dit page 52. (*Voyez* planche o , fig. 7. )

L'hiver est placé naturellement au mur de la cheminée ; et cette paroi sera destinée aux faits qui appartiendront aux mois de *janvier*, *février* et *mars ;* la seconde paroi, ou mur de la croisée, est destinée aux mois d'*avril*, *mai* et *juin*; la paroi de la commode contiendra les mois de *juillet*, *août* et *septembre ;* enfin, les trois panneaux du mur de la porte, ou quatrième paroi , seront remplis par les mois d'*octobre*, *novembre* et *décembre.*

Maintenant, si nous voulons avoir les faits de chacun

'des jours de *janvier*, par exemple, il faut diviser le panneau en trois colonnes verticales, coupées
par huit lignes horizontales, ce qui produira 27 cases.
(*Voyez* planche n°. o, fig. 8.)

On remarquera que les nombres 10, 20, 30, 31,
sont placés hors des cases, parce qu'ils sortent de la
division par 9 que la Mnémonique observe toujours,
et qu'il était nécessaire d'avoir, comme dans les opérations précédentes, les chiffres correspondans dans les
cases qui se correspondent.

On voit effectivement que 1, 11, 21, sont placés
dans les premières cases de chaque dixaine : 5, 15,
25, dans les cases du centre : 9, 19, et 29 dans les dernières cases. On voit aussi que les n°s. 10 et 20 servent
de point de départ aux subdivisions de leur dixaine, et
que le chiffre 31 ne se trouvant que dans sept mois
de l'année, peut se retrancher lorsqu'il devient
inutile.

On doit dire des jours ce que nous avons dit des
années. Beaucoup de jours se trouveront sans évènemens ou faits remarquables ; et les cases qui y correspondent seront vuides ; alors on peut agrandir à
leurs dépens les cases voisines, qui se trouvent plus
chargées en observant qu'elles en occupent le centre,
ou en suivant ce que nous avons dit page 56. (*Voyez*
aussi les figures A. B. C. D. E. F. G., planche n°. o.)

On peut aussi , sans agrandir une case aux dépens d'une autre , se contenter de l'accroissement idéal qu'on est toujours maître de lui donner , lorsque le jour est désigné , et qu'on peut pour ainsi dire , retirer la case du panneau , et la considérer dans tous ses développemens.

Passons à quelques applications des principes que nous venons d'établir pour l'étude de l'histoire et de la chronologie.

Nous avons dit qu'on peut sortir de son panneau la case dont on veut connaître les faits ; alors la Mnémonique donnant le rapport établi entre ces faits et leur date, on retrouve très-facilement tout ce qu'on a fixé en développant le tableau idéal qu'il est toujours nécessaire de former.

Soient donnés à placer dans les panneaux d'une année les faits suivans :

### Année 1800. -

« Le 27 janvier, le général Kléber et le Grand-Visir conviennent que l'Égypte sera évacuée ; cette convention est improuvée par le Cabinet de Londres. »

( *Voyez* la figure première de la planche n°. oo. , et développement. )

## Même Année.

« Le 2o mars, le Grand-Visir est défait auprès d'El-
» hanca en Egypte , par le général Kleber. »

( *Voyez* la figure 2 , planche n°. oo. )

Le 1<sup>er</sup>. évènement se place à la case 27 du 1<sup>er</sup> panneau de la première paroi , le deuxième à la case 2o
du troisième panneau de la même paroi, si l'on a choisi
une chambre pour la seule année 18oo; dans le cas contraire, ils se trouvent au parquet de la dix-neuvième
maison , case 27 du premier panneau , et case 2o du
troisième panneau , paroi de la saison d'hiver. ( Mur
de la cheminée. )

## *Exemple sur la Chronologie.*

Pour se rendre l'étude plus agréable et plus ins-
tructive , le Mnémoniste peut encore se composer
des tableaux chronologiques et statistiques, sur lesquels,
après une courte application de sa mémoire naturelle,
il opérera par les principes que nous avons indiqués
pour fixer ces tableaux par la Mnémonique.

Supposons , par exemple , qu'on veuille pour la
chronologie des rois de France, connaître le rang numérique de chacun d'eux, son nom, le rang qu'il
tient parmi les rois de ce nom, ses qualités personnelles et surnoms, à quelle époque il est monté sur
le trône , à quel âge , et quel fut son genre de mort?

On se dressera un tableau ainsi distribué en sept colonnes :

| Nombre chrono- logique. | Noms des Rois. | Numéro d'ordre par- ticulier parmi les Rois de ce nom. | Qualités person- nelles et surnoms. | En quelle année montés sur le trône. | A quel âge deve- nus Rois. | Genre de mort. |
|---|---|---|---|---|---|---|
| 1 | 2 | 3 | 4 | 5 | 6 | 7 |

La première colonne, nombre chronologique, in-diquera le rang ou l'ordre de succession des rois, 1. 2. 3. 4., etc. Et chacun de ces chiffres, comme on sait, veut dire en langage mnémonique, *observatoire, cygne, rempart, glace*, etc. Ce sera sur cette image que se fera le rapport qui doit pour chaque roi offrir les faits et dates qu'on aura voulu fixer.

La colonne deuxième renfermera les noms des rois dans l'ordre d'avènement au trône, Pharamond, Clo-dion, Mérouée, Childeric, Clovis, etc.

La colonne troisième est destinée au numéro d'ordre particulier entre les rois du même nom, Childeric II, François Ier., Charles IX, Louis XIII, Louis XV, etc.

La colonne quatrième contiendra les qualités personnelles de chaque roi, bon, religieux, valeureux, cruel, guerrier, méchant, fainéant, politique, etc.; et les surnoms, le juste, le grand, le chevelu, le chauve, etc.

La colonne cinquième, en quelle année il est monté sur le trône, 1429. — 1547. — 1678.

La colonne sixième, à quel âge, 5 ans. — 9 ans.— 29 ans.

La colonne septième, mort naturelle, par accident, par le poison, sur le champ de bataille, sur l'échafaud.

On pourrait encore faire une huitième colonne, pour les grandes choses d'un règne, comme François fait prisonnier à Pavie, etc.

Cherchons dans ce tableau que nous avons dressé, quelques rois, et appliquons les procédés de la Mnémonique.

Prenons, par exemple, en suivant l'ordre des colonnes.

### Rois de France.

| | | | | | | |
|---|---|---|---|---|---|---|
| 54°. | Louis | XI. | politique. | 1461. | 39 ans. | mort naturelle. |
| 63°. | Louis | XIII. | politique, juste, bon. | 1610. | 10 ans. | id. |
| 66°. | Louis | XVI. | religieux. | 1774. | 20 ans. | sur l'échafaud. |

On composera pour chacun de ces rois, une phrase, un vers ou deux, dont le sujet aura quelque rapport avec la figure du nombre chronologique.

Les verbes et les substantifs seront les bases utiles de la phrase, et tous les autres mots ne serviront qu'à remplir, pour aider à sa formation ; il en sera de même des verbes auxiliaires.

Le premier mot rappellera le nom du roi, soit entièrement, soit par analyse ou abréviation.

Les consonnes du second mot, considérées sous le rapport de leur valeur en chiffre, exprimeront le numéro d'ordre particulier.

Les troisième et quatrième mots donneront par leur première consonne, les qualités et en entier les surnoms des rois ; et à cet effet, on préparera une certaine quantité de mots, comme nous dirons plus bas.

Le cinquième mot, par la suite des consonnes dont il est composé, donnera l'année de l'avènement au trône.

Le sixième mot, par l'application des mêmes principes, indiquera l'âge du roi lors de son avènement.

Enfin, la première consonne du dernier mot,

de même que pour le troisième, présentera le genre de mort.

*Dictionnaire pour les qualités personnelles.*

Nous avons dit que dans le troisième mot on ne devait considérer que la première consonne ; ainsi, si ce mot commence par les lettres

| | | | |
|---|---|---|---|
| B. Il signifiera | Bon. | P. signifiera | Politique. |
| C. | Cruel. | R. | Religieux. |
| F. | Fainéant. | S. | Sanguinaire. |
| G. | Guerrier. | V. | Valeureux. |
| M. | Méchant. | *Etc.* | |

Autant qu'on peut, on doit faire entrer le surnom tout entier dans la phrase , ou sa principale syllabe, ou son abréviation.

Pour exprimer le genre de mort, si le mot commence par

AC. Il veut dire                    par accident.
CH.                              sur l'échafaud.

Si sa première consonne est

N. C'est                     mort Naturellement.
B.                      sur le champ de Bataille.
P.                             par le Poison.
CL.                  renfermé dans un Cloître.

On

Chacun pourra former ce dictionnaire à sa manière, puisque tout ici est de convention, et que le
Mnémoniste ne travaille que pour lui-même.

*Traduction Mnémonique de l'exemple donné.*

54°. roi. Louis XI. « Je *lis* dans votre *attitude* la
» *peur* que vous avez ; ne *redoutez* ni mes *mépris* ni
» mon *inimitié.* »

63°. roi. Louis XIII. « Les *lois* du *tombeau* me
» *paraissent justes ;* elles sont les *édits textuels* de la
» *nature.* »

66°. roi. Louis XVI. » Le *Lys S'étudiait* à *briller*,
» mais il fut *écrasé* dès sa *naissance* sous la *charrue.* »

*Explication.*

On voit que tous les mots qui ne sont point en caractères italiques, ne sont là que pour aider au développement de la phrase et n'ont point de valeur.

Si les mots *lis*, *lois*, *lys*, sont écrits par le Mnémoniste L°., L°., L°., il est aisé d'y lire *Louis.*

Dans les mots *attitude*, *tombeau*, *étudiait*, les
deux premières consonnes tt donnent 11, tm 13, td
16, et rappellent Louis 11, Louis 13, Louis 16 ; on
n'a point égard aux autres lettres.

E

Dans P*eur*, P*araissent justes*, *briller*; le dictionnaire que nous avons fait nous donne pour P politique.
Le mot *juste* qui suit immédiatement le mot P*a-
raissent*, est le surnom donné à Louis XIII dans son
enfance, parce qu'il naquit sous le signe de la balance.
Dans BR*iller*, les deux premières consonnes B R, se
suivant sans lettres intermédiaires, donneront deux
mots, B*on*, R*eligieux*.

*Redoutez*, *édits*, *écrasé*, donnent les chiffres 461,
610, 74. On y voit sans peine les années d'avènement,
1461, 1610 et 1774.

Dans *mépris*, *textuels*, *naissance*, on trouve par
le même procédé, c'est-à-dire par les deux premières
consonnes, le nombre d'années, 39, 10 et 20, âge
de ces rois lors de leur avènement au trône.

Les lettres N, dans *inimitié*, *nature*, indiquent pour
Louis XI et Louis XIII qu'ils sont morts naturellement; et CH, de *charrue*, que le dernier mourut sur un
échafaud.

On voit qu'il n'a pas été difficile d'établir un rappor
entre chaque roi ou chaque phrase, avec le chiffre ou
image de son ordre chronologique.

Le 54e. roi de France est Louis XI. Le chiffre mnémonique 54, *la femme à sa toilette*; on a suppos
qu'elle dit au roi qui a pu craindre de l'offenser : « j
» lis dans votre attitude la peur que vous avez; ne re-
» doutez ni mes mépris, ni mon inimitié. »

Le 65°. roi de France est Louis XIII. 63, *le fusil* a atteint un malheureux, qui s'écrie en mourant : « les lois du tombeau me paraissent justes; elles sont » les édits textuels de la nature. »

Le 66°. roi est Louis XVI. 66, les *ciseaux*. On a figuré à ce carré, un lys sous une charrue, et c'est assez pour fixer la phrase : « le lys s'étudiait à briller, mais » il fut écrasé en naissant par la charrue. »

On comprendra sans peine qu'il est plus facile de retenir et de fixer ainsi soixante-six phrases, qui offriront ce qu'on peut désirer sur la chronologie des rois de France, que de se fier à sa mémoire naturelle qui, outre le temps considérable dont elle aurait besoin pour retrouver les noms et l'ordre des soixante-six rois de France, ne rendrait jamais à volonté les années d'avènement au trône, et l'âge de chacun d'eux lors de cet avènement.

*Exemple sur la Statistique des Départemens.*

Il est intéressant de connaître sa patrie avec plus de détails que les pays étrangers. On doit savoir, par exemple, quelle est la population des départemens, leur histoire naturelle, leurs forces militaires, leur étendue en lieues carrées, leurs productions naturelles ou industrielles, leur état sous le rapport des monumens et des sciences.

E 2

Il est même de quelque intérêt de connaître pour chacun d'eux le montant des contributions directes ou indirectes, celui des dépenses pour le service civil et militaire, le bénéfice de l'état, le caractère des habitans, l'espèce des hommes qui y naissent, etc.

Comme on doit toujours composer le tableau qu'on veut mnémoniser, il dépendra du Mnémoniste de l'étendre plus ou moins, et d'y rattacher les choses qui lui importent plus. Dès qu'on aura dressé le tableau qu'on veut fixer, on pourra adopter et suivre les principes que nous avons indiqués pour l'étude de la chronologie. .

On peut encore prendre une maison composée de dix chambres, ( *voyez* planche n°. o., figure 6. )

On placera les départemens, soit par ordre alphabétique, soit géographiquement ; savoir :

Neuf départemens dans la chambre n°. o., ci..    9.

Dix départemens dans chacune des neuf chambres n°s. 1. 2. 3. 4. 5. 6. 7. 8. 9. Total...  90.

Sept départemens dans un cabinet à la droite de la chambre n°. o , et autant dans un semblable cabinet à sa gauche. Ci. . . . . . . . . .  14.

Ce qui donne pour tous les départemens de l'Empire... 115.

Chacune des chambres est divisée comme celle
figure 7, planche n°. o. Le parquet de la chambre
n°. o n'est point occupé. Le dixième département se
placera au parquet de la chambre n°. 1. Le vingtième
à celui de la chambre n°. 2. Et ainsi de suite.

Chaque cabinet est divisé en sept parties ; deux pour
chaque paroi et le parquet. ( *V*. planche n°. oo.,
figure 5. )

Le département 100 est au parquet du premier cabinet ; 101, occupe la première division de la paroi de la
cheminée, et ainsi de suite 102. 103. 104. 105. et
106. qui se trouve à la dernière division de la troisième paroi. 107 sera mis au parquet du second cabinet ; 108 occupera la première division de la première
paroi ; viendront ensuite 109. 110. 111. 112 et 113.
ce dernier placé à la dernière division de la troisième
paroi.

On voit que l'ordre décennaire n'est interrompu
qu'au nombre 100. , et que si on eût voulu ne point
s'en écarter, on eût pu prendre de plus deux chambres
dans une autre maison, placer dix départemens dans
la première, et quatre dans l'autre, un au parquet et
un à chaque paroi.

Maintenant, chaque division de paroi doit, pour
chaque département, présenter six panneaux ou ta-

bleaux, *(voyez* planche n°. 00., figure 6). Les tableaux
sont ceux-ci :

### N°. 1. *Population.*

*L'Observatoire,* d'où l'on peut découvrir et compter
la population, et où l'on en conserve la récapitulation.
On fixe à l'Observatoire, par les procédés que nous
avons indiqués, un ou deux mots dont les premières
consonnes donneront les chiffres nécessaires pour énoncer seulement des milliers, car on peut négliger les
centaines : ainsi, si l'on a 2,852,422, il suffira de fixer
2,852. Si l'on avait 2,852,647, on fixerait de préférence 2,853. Parce que 647 est plus voisin de 1000,
et les consonnes N. V. L. N., ou N. V. L. M. donnant
ces mots *nouvelle lune* ou *nouvelle lumière*, ou tous
autres offrant une même combinaison, qu'on fixe aisément par un rapport quelconque avec l'*Observatoire,*
on aura retenu sans peine les nombres 2,852,000 ou
2,853,000 qui sont l'énoncé du nombre des individus
de tel ou tel département.

### N°. 2. *Histoire naturelle.*

Le *Cygne* indique déjà l'objet du tableau. On peint
ici idéalement et à la manière de Cicéron une suite
d'objets liés et coordonnés entre eux. Par exemple, si
le département est un pays de vignes, qu'il s'y trouve
des mines de fer, qu'il y ait des haras, des manufac-
tures de toile, etc., le tableau peut représenter un

maréchal à cheval ayant derrière lui plusieurs pièces de toile, et tenant à sa main une bouteille ; cette image fixée au *cygne qu'on suppose s'enfuir dès qu'il voit le cheval* , suffira pour rappeler les objets dont on a voulu conserver le souvenir.

### N°. 3. *Forces militaires.*

Le *Rempart* est un lieu propre pour faire le dénombrement des forces militaires. Soient donnés les nombres 81,172 hommes *infanterie* , et 3,796 *cavalerie* ; cherchons des mots qui offrent pour le premier nombre les lettres B. T. T. C. N. *Batterie* de *canon* : pour le second M. G. P. D. *magasin à poudre*, ou tous autres. Nous avons dit que lorsqu'une consonne était placée la première ou la seconde du mot, et suivie d'une autre consonne sans l'intermédiaire d'une lettre, cette troisième consonne devait être comptée; ainsi , *batterie*, *canon*, donnent 811, 72, et *magasin, poudre,* 37,96. Ecrits de suite, ces chiffres donnent 81,172 ; 3,796. Il est aisé de fixer sur le *rempart,* les *batteries de canon* et le *magasin à poudre.*

### N°. 4. *Étendue, surface en lieues carrées.*

La *glace*, appartement, terrain , enfin tout ce qui a de fait ou d'idée cette forme ☐ ; un mot sera lié à cette figure; on ne fera point usage des dixaines; *elles sont sous - entendues.* Soit donnée la surface 1420 lieues carrées ou T. R. N supprimant la dixaine : on supposera , par exemple , que la glace est *terne*. On peut encore par de nouveaux mots diviser cette sur-face en partie sèche et partie mouillée ; alors on conti-nuera la phrase : Il faut la *RaC*comoder, et la *Po*Lir.

R. C. dans *RaCcomoder* , donnent     47 pour la surface sèche.

Et P. L. dans *PoLir*, donnent     95 pour la surface couverte d'eaux naturelles.

Total *terne* , ou T. R. N.     142.

A quoi ajoutez la dixaine sous-entendue, vous aurez pour l'étendue    1420.

### N°. 5. *Les objets de Commerce.*

La *Chaise* du spéculateur réfléchi , est environnée de balles de laine, de peaux ou cuirs, d'un marteau ou marque-bois, etc. ; ce tableau indiquera que le département commerce sur les laines, les cuirs et les bois, ou qu'on y trouve des tanneries et des forêts.

### N°. 6. *État des Arts et des Sciences.*

Le *cor-de-chasse* offrira un rapport au tableau qui représentera les découvertes utiles, les objets de luxe, les sciences ou l'industrie.

On voit que cette manière d'appliquer les principes

de la **Mnémonique** sur des tableaux d'idées préparés
et disposés en conséquence, abrège les difficultés,
substitue des choses ou images faciles à retenir, à une
quantité de chiffres ou de faits qui par eux-mêmes
n'offrent aux mémoires naturelles les plus heureuses
ou les mieux exercées, aucun point de remarque susceptible de les rappeler au besoin.

# CHAPITRE V.

## Application de la Mnémonique à l'étude de la Botanique.

Les principes que nous avons développés jusqu'ici, peuvent facilement s'appliquer aux sciences, et surtout à celles qui, comme la botanique, renferment de longues nomenclatures, dont l'étude pénible rend souvent inutiles les plus heureuses dispositions.

Nous allons donner la nomenclature des plantes, d'après plusieurs auteurs.

1°. Le système de *Linné*, qui les divise en cinq séries, et vingt-quatre classes.

2°. Celui de *Magnol*, qui sépare les familles en dix sections.

3°. La méthode de *Tournefort*, qui les a divisées en vingt-deux classes.

4°. Le système de M. *Adanson*, qui compte cinquante-huit familles.

5°. Enfin, la méthode de M. *de Jussieu*, qui a établi trois grandes divisions, et quinze familles.

Il serait trop long de donner ici un système d'application pour chaque méthode; notre travail ne comporte point cette étendue; un exemple suffira pour indiquer comment la Mnémonique peut utilement s'appliquer à la Botanique ; nous ne doutons pas que les esprits ingénieux ne trouvent de nouveaux moyens qui découlent naturellement de la méthode.

Nous ferons l'application de la Mnémonique à la méthode de M. *de Jussieu;* il sera facile de mnémoniser les autres systèmes, par les principes que nous allons établir.

### *Système sexuel de* Linné.

*Linné* divise les plantes en vingt-quatre classes ; il distingue celles qui ont des fleurs visibles d'avec celles dont les fleurs sont invisibles ou indistinctes ; les plantes qui ont toutes leurs fleurs hermaphrodites, d'avec celles qui portent des fleurs unisexuelles; les plantes enfin dont les étamines sont libres, et n'observent entre elles aucune proportion de grandeur, d'avec celles qui ont leurs étamines réunies par quelques-unes de leurs parties, ou qui gardent entre elles des proportions exactes de grandeur respective. Ainsi, dans les treize premières classes, il considère seulement le nombre des étamines; toutes les fleurs de ces classes étant visibles, hermaphrodites et ayant leurs étamines libres et sans différences constantes dans leur longueur.

Première classe, Monandrie , fleurs à une seule étamine : les baziliers, les amomes, etc.

Seconde classe, Dyandrie , fleurs à deux étamines : les jasmins, les lylas , etc.

Troisième classe, Triandrie, fleurs à trois étamines : les iris, les graminées, etc.

Quatrième classe , Tetrandrie, fleurs à quatre étamines : les scabieuses, les plantins, etc.

Cinquième classe , Pentandrie , fleurs à cinq étamines : les borraginées, les ombellifères , etc.

Sixième classe, Hexandrie , fleurs à six étamines : les liliacées, les patiences , etc.

Septième classe, Heptandrie, fleurs à sept étamines : le maronier d'inde, etc.

Huitième classe , Octandrie, fleurs à huit étamines : les bruyères, etc.

Neuvième classe , Ennéandrie , fleurs à neuf étamines : les lauriers, les rhubarbes , etc.

Dixième classe, Décandrie , fleurs à dix étamines : les œillets, les saxifrages, etc.

Onzième classe, Dodécandrie, fleurs ayant de onze à dix-neuf étamines : les pourpiers, les tythimales, etc.

Douzième classe, Ycosandrie, fleurs ayant plus de dix-neuf étamines : les myrthes, les rosiers, etc.

Treizième classe, Polyandrie, fleurs à plus de dix-
neuf étamines, qui ne tiennent pas au calice : les pavots, les renoncules, etc.

Dans les quatorzième et quinzième classes, on admet
toutes les plantes qui ont les fleurs visibles, hermaphrodites, et dont les étamines sont libres, mais d'iné-
gales longueurs, deux de ces étamines étant toujours
plus courtes que les autres.

Quatorzième classe, Didynamie, fleurs à quatre étamines, dont deux petites et deux plus grandes : les
labiées, les personnées, etc.

Quinzième classe, Tetradynamie, fleurs à six étamines, dont deux opposées entre elles, et plus petites
que les autres : les crucifères, etc.

Les cinq classes suivantes renferment les plantes
qui ont les fleurs visibles, hermaphrodites, et dont les
étamines, au lieu d'être libres comme dans les classes
précédentes, sont réunies par quelques-unes de
leurs parties.

Seizième classe, Monadelphie, fleurs à plusieurs
étamines, réunies par leurs filets en un seul corps :
les mauves, les géranium, etc.

Dix-septième classe, Diadelphie, fleurs à plusieurs

étamines, réunies par leurs filets en deux corps : les
légumineuses, etc.

Dix-huitième classe, Polyadelphie, fleurs à plusieurs étamines réunies par leurs filets en plus de deux
corps : les orangers, les millepertuis, etc.

Dix-neuvième classe, Syngénesie, fleurs à plusieurs
étamines, réunies par leurs anthères, en forme de
cylindre ; les composées, les violettes, etc.

Vingtième classe, Gynandrie, fleurs à plusieurs
étamines, réunies et attachées au pistil : les orchides,
les grenadilles, etc.

Les trois classes qui suivent comprennent les plantes
dont les fleurs sont visibles, mais qui ne sont point
toutes hermaphrodites.

Vingt-unième classe, Monœcie, fleurs mâles et
fleurs femelles, séparées sur un même individu : les
chênes, les bouleaux, les pins, etc.

Vingt-deuxième classe, Diœcie, fleurs mâles et
fleurs femelles, séparées sur des individus différens :
les saules, les peupliers, les chanvres, etc.

Vingt-troisième classe, Polygamie, fleurs mâles et
femelles sur le même ou sur différens individus qui

portent en soi des fleurs hermaphrodites : les arroches, les érables, etc.

La dernière classe renferme les plantes qui n'ont point de fleurs visibles ou faciles à distinguer : de sorte que dans ce qui tient lieu des parties de la fruction de ces plantes, on ne distingue pas les étamines et les pistils, d'une manière évidente, comme dans les fleurs des plantes des vingt-trois classes qui précèdent.

Vingt-quatrième et dernière classe, Cryptogamie, fleurs ou presqu'invisibles et indistinctes, ou renfermées dans le fruit : les fougères, les mousses, etc.

*Linné* partage ces vingt-quatre classes en cinq ordres ou séries, établis sur diverses combinaisons.

Il considère :

La première série, par le nombre des pistils.

La seconde, relativement aux semences et aux fruits.

La troisième, d'après les caractères classiques.

La quatrième, comme attachée à la Syngénesie.

La cinquième considère les marques particulières des plantes, et dont la fructification est occulte.

### *Systéme de* MAGNOL.

*Magnol* divise en dix sections les familles des plantes.

Les neuf premières comprennent les herbes, et la dixième les arbres et arbrisseaux.

La première section considère les herbes par leurs racines.

La seconde les considère par leurs tiges.

La troisième, par leurs feuilles.

La quatrième, par leurs fleurs comme imparfaites, c'est-à-dire sans corolle, ou à étamines.

La cinquième, par leurs fleurs, dont quelques-unes ne portent ni les fruits ni les graines.

La sixième, par leurs fleurs comme monopétales.

La septième, par leurs fleurs ayant quatre pétales.

La huitième, par leurs fleurs, étant polypétales, ou ayant plus de quatre pétales.

La neuvième, par leurs fleurs monopétales, rassemblées en tête.

La dixième section considère les arbres et arbrisseaux.

### *Méthode de* TOURNEFORT.

*Tournefort* considère en général les végétaux sous le rapport de la corolle, et les divise en vingt-deux classes.

Première

Première classe, une corolle monopétale, régulière et campaniforme.

Seconde classe, une corolle monopétale, régulière et infundibuliforme.

Troisième classe, une corolle monopétale, irrégulière et anomale.

Quatrième classe, une corolle monopétale, irrégulière et labiée.

Cinquième classe, une corolle polypétale, régulière et cruciforme.

Sixième classe, une corolle polypétale, régulière et rosacée.

Septième classe, une corolle polypétale, régulière, avec des fleurs en ombelle.

Huitième classe, une corolle polypétale, régulière, et des fleurs en œillet.

Neuvième classe, une corolle polypétale, régulière, et des fleurs en lys.

Dixième classe, une corolle polypétale, irrégulière, avec des fleurs papilionacées.

Onzième classe, une corolle polypétale, irrégulière, et des fleurs anomales,

F

*Herbes et sous-arbrisseaux à fleurs composées,
et qui ont :*

Douzième classe, des fleurons seulement, les fleurs flosculeuses.

Treizième classe, des demi-fleurons seulement, les fleurs semi-flosculeuses.

Quatorzième classe, des fleurs et des demi-fleurons, les fleurs radiées.

*Herbes et sous-arbrisseaux , et qui ont :*

Quinzième classe, des fleurs sans corolle , fleurs apétales à étamines.

Seizième classe , sans fleurs, mais qui portent des semences.

Dix-septième classe, sans fleurs et sans fruits.

*Arbres et arbrisseaux, et qui ont :*

Dix-huitième classe, des fleurs sans corolle, fleurs apétales.

Dix-neuvième classe, des fleurs sans corolle et en chatons, fleurs amentacées.

Vingtième classe, des fleurs à corolle, monopétales, fleurs monopétalées.

Vingt-unième classe, des fleurs à corolle polypétale, régulière, fleurs rosacées.

Vingt-deuxième classe, des fleurs à corolle, polypétales, irrégulières, fleurs papilionacées.

## Système de M. ADANSON.

M. *Adanson* compte cinquante-huit familles de plantes, qu'il range dans leur série avec les principaux caractères de ressemblances qui les rapprochent, et des différences qui les distinguent les unes des autres.

| Familles. Plantes. | Familles. Plantes. |
|---|---|
| 1. Bissus. | 17. Campanules. |
| 2. Champignons. | 18. Briones. |
| 5. Fucus. | 19. Aparines. |
| 4. Hépatiques. | 20. Scabieuses. |
| 5. Fougères. | 21. Chevrefeuilles. |
| 6. Palmiers. | 22. Airelles. |
| 7. Gramens. | 23. Apocins. |
| 8. Liliacées. | 24. Bourraches. |
| 9. Gingembres. | 25. Labiées. |
| 10. Orchis. | 26. Verveines. |
| 11. Aristoloches. | 27. Personnées. |
| 12. Eléagnus. | 28. Solanum. |
| 15. Onagres. | 29. Jasmins. |
| 14. Myrthes. | 50. Anagallès. |
| 15. Ombellifères. | 51. Salcaires. |
| 16. Composées. | 52. Pourpiers. |

F 2

33. Joubarbes.
34. Alsines.
35. Blitum.
36. Jalaps.
37. Amaranthes.
38. Espargeons.
39. Persicaires.
40. Garon.
41. Rosier.
42. Jujubiers.
43. Légumineuses.
44. Pistachiers.
45. Tithymales.

46. Anones.
47. Châtaigniers.
48. Tilleuls.
49. Géranium.
50. Mauves.
51. Capriers.
52. Crucifères.
53. Pavots.
54. Cistes.
55. Renoncules.
56. Arum.
57. Pins.
58. Mousses.

*Systéme de M.* DE JUSSIEU *, appliqué à la Mnémonique.*

Les plantes se divisent en *Acotylédones, Monocotylédones, Dicotylédones.* Elles forment en tout quinze classes, divisées elles-mêmes en familles.

Nous destinerons une paroi à chaque classe, et comme nous n'employons point la paroi de la porte, on voit qu'en comptant le parquet pour quatrième paroi, nous avons besoin de quatre chambres ; mais n'ayant que quinze classes à fixer, nous aurons une paroi vuide, c'est-à-dire où nous n'aurons rien mis.

Les *Acotylédones* forment 1 classe.
Les *Monocotylédones* . . . 3.

Total . . . . 4.

Il faudra donc quatre parois, et ces deux premières grandes divisions rempliront la première chambre.

Les *Dycotylédones* se partagent en onze subdivisions.

Les *Apétales* qui renferment 3 classes.
Les *Monopétales* . . . . . . 4.
Les *Polypétales* . . . . . . 3.
Les *Diclines irrégulières* . 1.

Total . . . . . 11.

Ainsi ces onze classes seront réparties dans les chambres deuxième, troisième et quatrième : savoir, les *Apétales* dans la seconde ; les *Monopétales* dans la troisième, et les deux dernières subdivisions dans la quatrième.

Nous convenons d'appeler toujours,

I<sup>re</sup>. Paroi, le panneau de la cheminée.
II<sup>e</sup>. Paroi, celui de la fenêtre.
III<sup>e</sup>. Paroi, celui de la commode.
IV<sup>e</sup>. Paroi, le parquet.

## DISTRIBUTION DES CLASSES ET FAMILLES.

___

### Iʳᵉ CHAMBRE.—ACOTYLÉDONES ET MONOCOTYLÉDONES.

___

### ACOTYLÉDONES.

*Première Paroi.* —— *Première Classe.*

[ SIX FAMILLES. ]

| | |
|---|---|
| Iʳᵉ. Champignons. | *Division figurée* |
| 2ᵉ. Algues. | *de la première Paroi.* |
| 5ᵉ. Hépatiques. | |
| 4ᵉ. Mousses. | ___ |
| 5ᵉ. Fougères. | 1. \| 2. \| 5. |
| 6ᵉ. Nayades. | 4. \| 5. \| 6. |

___

### MONOCOTYLÉDONES.

___

*Deuxième Paroi.* —— *Deuxième Classe.*

[ QUATRE FAMILLES. ]

| | |
|---|---|
| 1ʳᵉ. Aroïdes. | *Division figurée* |
| 2ᵉ. Massettes. | *de la deuxième Paroi.* |
| 5ᵉ. Souchets. | |
| 4ᵉ. Graminées. | 1. \| 2. |
| | 5. \| 4. |

Suite des MONOCOTYLÉDONES.

---

*Troisième Paroi.* —— *Troisième Classe.*

[ HUIT FAMILLES. ]

| | |
|---|---|
| 1<sup>re</sup>. Palmiers.<br>2°. Asperges.<br>3°. Joncs.<br>4°. Lys.<br>5°. Ananas.<br>6°. Asphodèles.<br>7°. Narcisses.<br>8°. Iris. | *Division figurée*<br>*de la troisième Paroi.*<br><br>1. \| 2. \| 3. \| 4.<br>5. \| 6. \| 7. \| 8. |

---

Suite des MONOCOTYLÉDONES.

---

*Quatrième Paroi.* ( Parquet. ) — *Quatrième Classe.*

[ QUATRE FAMILLES. ]

| | |
|---|---|
| 1<sup>re</sup>. Bananiers.<br>2°. Balisiers.<br>3°. Orchides.<br>4°. Morrènes. | *Division figurée*<br>*de la quatrième Paroi.*<br><br>1. \| 2.<br>3. \| 4. |

# DEUXIÈME CHAMBRE.

## DICOTYLÉDONES.

---

### APÉTALES.

*Première Paroi. — Cinquième Classe.*

[ UNE SEULE FAMILLE. ]

ɣ. Aristoloches. | Point de divisions, cette famille occupe toute la paroi.

---

### Suite des APÉTALES.

---

*Deuxième Paroi. — Sixième Classe.*

[ SIX FAMILLES. ]

1re. Chalets.
2e. Thymélées.
3°. Protées.
4e. Lauriers.
5°. Polygonées.
6°. Arroches.

*Division figurée de la deuxième Paroi.*

| I. | 2. | 3. |
|----|----|----|
| 4. | 5. | 6. |

Suite des APÉTALES.

---

*Troisième Paroi. — Septième Classe.*

[ QUATRE FAMILLES. ]

1<sup>re</sup>. Amaranthes.
2°. Plantins.
3°. Nictages.
4°. Dentelaires.

*Division figurée
de la troisième Paroi.*

| I. | 2. |
|----|----|
| 3. | 4. |

Le parquet de cette chambre n'est point occupé.

---

# TROISIÈME CHAMBRE.

## Suite des DICOTYLÉDONES.

---

### MONOPÉTALES.

---

*Première Paroi. — Huitième Classe.*

[ QUINZE FAMILLES. ]

1<sup>re</sup>. Lysimachies.
2.<sup>e</sup> Pédiculaires.
3°. Acanthes.
4°. Jasminées.
5°. Gattiliers.

6°. Labycés.
7°. Scrophulaires.
8°. Solanées.
9°. Borraginées.
10°. Liserons.

11°. Polémoines.
12°. Dignones.
13°. Gentianes.
14°. Apucinées.
15°. Sapotilliers.

*Division figurée de la I<sup>re</sup>. Paroi.*

| 1. | 2. | 3. | 4. | 5. |
|----|----|----|----|----|
| 6. | 7. | 8. | 9. | 10. |
| 11. | 12. | 13. | 14. | 15. |

Suite des MONOPÉTALES,

---

*Deuxième Paroi. — Neuvième Classe.*

[ QUATRE FAMILLES. ]

| | |
|---|---|
| 1<sup>re</sup>. Plaqueminiers. | *Division figurée de la II<sup>e</sup>. Paroi.* |
| 2°. Rosages. | |
| 3°. Bruyères. | I. \| 2. |
| 4°. Campanulacées. | 3. \| 4. |

---

Suite des MONOPÉTALES.

---

*Troisième Paroi. — Dixième Classe.*

[ TROIS FAMILLES. ]

| | |
|---|---|
| 1<sup>re</sup>. Chicorassées. | *Division figurée* |
| | *de la troisième Paroi.* |
| 2°. Cinarocéphales. | |
| 3°. Corymbifères. | I. \| 2. \| 3. |

Suite des MONOPÉTALES.

---

*Quatrième Paroi. ( Parquet. ) — Onzième Classe.*

[ TROIS FAMILLES.]

| | |
|---|---|
| 1ʳᵉ. Dipsassées. | *Division figurée du Parquet.* |
| 2ᵉ. Rubiacées. | |
| 3ᵉ. Chèvrefeuilles. | I. │ 2. │ 3. |

---

# QUATRIÈME CHAMBRE.

Suite des DICOTYLÉDONES.

---

POLYPÉTALES.

*Première Paroi. — Douzième Classe.*

[ DEUX FAMILLES. ]

| | |
|---|---|
| 1ʳᵉ. Aralées. | *Division figurée de la Iʳᵉ. Paroi.* |
| 2ᵉ. Ombellifères. | I. │ 2. |

## Suite des POLYPÉTALES.

---

*Deuxième Paroi. — Treizième Classe.*

[ VINGT-DEUX FAMILLES. ]

1$^{re}$. Renonculacées.
2$^e$. Papavéracées.
3$^e$. Crucifères.
4$^e$. Capriers.
5$^e$. Savonniers.
6$^e$. Erables.
7$^e$. Malpighies.
8$^e$. Millepertuis.
9$^e$. Gutiers.
10$^e$. Orangers.
11$^e$. Azédaralches.
12$^e$. Vignes.
13$^e$. Géraines.
14$^e$. Malvacées.

15$^e$. Magnoliers.
16$^e$. Anones.
17$^e$. Menispernes.
18$^e$. Vinetiers.
19$^e$. Tiliacées.
20$^e$. Cistes.
21$^e$. Rutacées.
22$^e$. Caryophillées.

*Division figurée de la II$_e$. Paroi.*

| 1. | 2. | 3. | 4. | 5. | 6. | 7. |
|---|---|---|---|---|---|---|
| 8. | 9. | 10. | 11. | 12. | 13. | 14. |
| 15. | 16. | 17. | 18. | 19. | 20. | 21. |
| | | | 22. | | | |

---

## Suite des POLYPÉTALES.

---

*Troisième Paroi. — Quatorzième Classe.*

[ TREIZE FAMILLES. ]

1$^{re}$. Joubarbes.
2$^e$. Saxifrages.

3$^e$. Cactiers.
4$^e$. Portulacées.

5°. Ficoïdes.
6°. Onagres.
7°. Myrthes.
8°. Mélassome.
9°. Salicaires.
10°. Rosacées.
11°. Légumineuses.

12°. Térébintacées.
13°. Nerpruns.

*Division figurée de la IIIᵉ. Paroi.*

| 1. | 2. | 3. | 4. |
|----|----|----|----|
| 5. | 6. | 7. | 8. |
| 9. | 10. | 11. | 12. |
| | 13. | | |

## DICLINES IRRÉGULIÈRES.

*Quatrième Paroi.*—(Parquet.)—*Quinzième Classe.*

[ CINQ FAMILLES. ]

1ʳᵉ. Euphorbes.

2°. Cucurbitacées.

3°. Orties.

4°. Amentacées.

5°. Conifères.

*Division figurée du Parquet.*

| 1. | 2. |
|----|----|
| 3. | 4. |
| | 5. | |

Cette nomenclature peut se fixer par la seule localité ou en formant comme nous l'avons indiqué page 65,
une ou plusieurs phrases, dans lesquelles on fera

entrer les noms des plantes ou des consonnances et
terminaisons qui puissent les rappeler. Nous en donnerons un exemple à la fin de ce chapitre.

### Autre Application Mnémonique.

Le moyen que nous venons d'indiquer pour fixer
les quinze classes de M. de Jussieu, par la seule localité, et sans employer les figures numériques progres-
sives, en divisant chaque paroi en autant de parties
que la classe contient de familles, a paru à quelques
Mnémonistes sortir de la marche ordinaire et de la
numération par neuf.

Un botaniste qui partage cette opinion a bien voulu
nous communiquer son travail et nous permettre de
le publier.

Il adopte un palais ou maison composée de six
appartemens ou chambres dont les parois sont cons-
tamment divisées en neuf cases.

Pour connaître sans peine et sur-le-champ combien
chacune des chambres contient de classes , il leur
donne une destination invariable :

La première chambre est celle du *maître.*

La deuxième celle de la *reine.*

La troisième celle du *neveu.*

La quatrième est la salle à *manger.*

La cinquième est un cabinet de *toilette.*

La sixième est une chambre *noire.*

Les lettres initiales **M, R, N, M, T, N,** de ces mots maître, reine, neveu, etc., indiquent par leur valeur, ( voyez ce que nous avons dit page 33 et suivantes, ) le nombre de classes fixées dans chacune des chambres, savoir :

Celle du *maître* **M,** contient trois classes.

Celle de la *reine* **R,** quatre.

Celle du *neveu* **N,** deux.

La salle à *manger* **M,** trois.

Le cabinet de *toilette* **T,** une.

La chambre *noire* **N,** deux.

Si l'on veut savoir sur-le-champ combien chaque classe contient de familles, on peut, par les mêmes procédés, former un mot ou deux, ou une périphrase qui ayant un rapport avec le *maître,* la *reine* ou le *neveu,* rappellera le nombre des familles contenues dans chacune des quinze classes : ainsi la chambre du *maître* doit contenir trois classes, qui se composent :

La première de six familles, 6 c'est **D.**

La seconde de quatre familles, 4, c'est **R.**

La troisième de six familles, 6 c'est encore **D.**

On forme un mot des lettres D, R, D, en plaçant entre ces consonnes, des voyelles qui, comme on sait, n'ont aucune valeur en Mnémonique.

Supposons, par exemple, que le *maître* était soucieux, chagrin, de mauvaise humeur ; mais qu'il s'est *déridé*. Le mot *déridé* indiquera, par la première consonne D, que la première classe contient six familles; par la deuxième consonne R, que la seconde classe en contient quatre; enfin la troisième consonne D désignera la troisième classe, qui comprend six familles; on voit encore que le mot *déridé* mis en rapport avec le *maître*, suffit pour rappeler que toutes ces familles sont placées dans la chambre du *maître*.

La chambre de la *reine* contient quatre classes, qui se composent :

La première de quatre familles, 4, c'est R.

La seconde d'une famille, 1, c'est T.

La troisième de six familles, 6, c'est D.

La quatrième de quatre familles, 4, c'est R.

Supposons que la reine a pour bouquet une *ortie dorée ;* on voit que dans le mot *ortie*, R indique première classe, quatre familles, et T, deuxième classe, une seule famille; que dans le second mot *dorée*, D indique pour la troisième classe, six familles, et R, quatrième classe, quatre familles.

La

La chambre du *neveu* renferme deux classes ; la première se compose de quinze familles, c'est T. L; la seconde de quatre, c'est R.

Si l'on formait par les mêmes principes un ou plusieurs mots sans quelque remarque particulière, il en résulterait qu'un mot qui offrirait simplement les consonnes T, L, R, donnerait lieu de croire ou qu'il y a trois classes, ce qui serait en contradiction avec N de *neveu*, qui n'en indique que deux, ou laisserait dans l'incertitude de savoir (ne devant compter que deux classes ) si L doit se rapporter à T et indiquer quinze familles pour la première classe, ou se rattacher à R, et présenter pour la seconde classe cinquante-quatre familles, ce qui serait une erreur.

Parmi les nombreux moyens qui se présentent, nous nous arrêtons à celui-ci :

Nous emploierons la lettre & ou sa consonnance *é*, *et*, *ette*, pour indiquer que deux consonnes sont liées et représentent deux chiffres qui ne font qu'un nombre.

Supposons que le *neveu* porte un habit *étoilé d'or*. Dans *étoilé*, l'*é* de la troisième syllabe indiquera que T, L; ou 1, 5, ne font qu'un nombre ; et par conséquent que la première classe comprend quinze familles. Dans *or*, la lettre *r* indique pour la seconde classe quatre familles.

La salle à *manger* est ornée de tableaux de *marine;*

G,

ce qui donne première classe, trois familles; seconde classe, quatre familles; troisième classe, deux familles.

Le cabinet de *toilette* ressemble au simple réduit d'une *nonette*; la fin de ce mot *ette* indique que les deux consonnes *nn* ne font qu'un nombre, et que la seule classe du cabinet de *toilette* contient vingt-deux familles.

La chambre *noire* exhale une forte odeur de *thym* et d'*ail*. La conjonction *et* indique dans *thym* que T, M; ou 1, 3, ne font qu'un nombre, par conséquent que la première classe se compose de treize familles; dans *ail*, la lettre L indique cinq familles pour la seconde classe.

Ces simples rapports ont déjà applani de grandes difficultés, puisqu'on a pu retenir sans peine le nombre des familles de chacune des classes.

---

## DISTRIBUTION DES FAMILLES.

Pour fixer le nom des familles, on établira par les procédés que nous avons indiqués au chapitre premier, un rapport entre leur nom et l'image de la case où chacune d'elles sera fixée.

Passons à leur division dans les six chambres.

## CHAMBRE DU MAITRE. ( Maitre *déridé*. )

---

### TROIS CLASSES. ( 1$^{re}$. 2$^e$. 3$^e$. )

---

*Première Classe.*          Six Familles.

| Champignons , Case | 1. | | Première Paroi. | | |
|---|---|---|---|---|---|
| Algues, | 2. | | ( Mur de la Cheminée. ) | | |
| Hépatiques , | 3. | | | | |
| Mousses, | 4. | | 1. | 2. | 3. |
| Fougères, | 5. | | 4. | 5. | 6. |
| Nayades , | 6 | | 0. | 0. | 0. |

Cette classe n'est composée que de six familles; les cases 7, 8, 9, sont vuides et marquées d'un zéro.

---

*Deuxième Classe.*          Quatre Familles.

| Aroïdes, | 11. | | Deuxième Paroi. | | |
|---|---|---|---|---|---|
| Massètes, | 12. | | ( Mur de la Croisée. ) | | |
| Graminées , | 13. | | 11. | 12. | 13. |
| Souchets, | 14. | | 14. | 0. | 0. |
| | | | 0. | 0. | 0. |

---

*Troisième Classe.*　　　　　*Six Familles.*

Joncs,　　　case 21.
Asperges,　　　22.
Palmiers,　　　23.
Liliacées,　　　24.
Narcisses,　　　25.
Iris,　　　26.

*Troisième Paroi.*
( *Mur de la Commode.* )

| 21. | 22. | 23. |
|---|---|---|
| 24. | 25. | 26. |
| 0. | 0. | 0. |

## CHAMBRE DE LA REINE. ( *Ortie dorée.* )

## QUATRE CLASSES. ( 4ᵉ. 5.ᵉ 6ᵉ. 7ᵉ. )

*Quatrième Classe.*　　　　　*Quatre familles.*

Bananiers,　　case 31.
Balisiers,　　　32.
Orchis,　　　33.
Hydrocharidées,　34.

*Première Paroi.*
( *Mur de la Cheminée.* )

| 31. | 32. | 33. |
|---|---|---|
| 34. | 0. | 0. |
| 0. | 0. | 0. |

*Cinquième Classe.*          *Une famille.*

Aristoloches, case 41.

Par extraordinaire mise au
Parquet.

( *Paroi zéro.* )

---

*Sixième Classe.*          *Six familles.*

*Deuxième Paroi.*
( *Mur de la Croisée.* )

| Chalets, | case 51. |
| Thymelées, | 52. |
| Prothées, | 53. |
| Lauriers, | 54. |
| Polygonées, | 55. |
| Arroches, | 56. |

| 51. | 52. | 53. |
|-----|-----|-----|
| 54. | 55. | 56. |
| o. | o. | o. |

---

*Septième Classe.*          *Quatre Familles.*

*Troisième Paroi.*
( *Mur de la Commode.* )

| Nutayes, | case 61. |
| Amaranthes, | 62. |
| Plantins, | 63. |
| Dentelaires, | 64. |

| 61. | 62. | 63. |
|-----|-----|-----|
| 64. | o. | o. |
| o. | o. | o. |

I

# CHAMBRE DU NEVEU. ( *Étoilé d'or.* )

## DEUX CLASSES. ( 8ᵉ. et 9ᵉ. )

| *Huitième classe.* | *Quinze Familles.* |
|---|---|
| Lysimachies, case 71. | *Première Paroi.* |
| Véroniq. pédiculaires, 72. | ( *Mur de la Cheminée.* ) |
| Acanthes, 73. | |
| Bignones, 74. | |
| Scrophulaires, 75. | |
| Solanées, 76. | |
| Jasmins, 77. | |
| Verveine, Galtitée, 78. | |
| Labiées, 79. | |
| Boraginées, 80. | |
| Liserons, 81. | |
| Gentianes, 82. | |
| Apoyens, 83. | |
| Sapotillées, 84. | |
| Polémoines, 85. | |

Première Paroi. ( Mur de la Cheminée. )

| 71. | 72. | 73. |
|---|---|---|
| 74. | 75. | 76. |
| 77. | 78. | 79. |

*Deuxième Paroi.*
( *Mur de la Croisée.* )

| | 80. | |
|---|---|---|
| 81. | 82. | 83. |
| 84. | 85. | 0. |
| 0. | 0. | 0. |

| *Neuvième Classe.* | *Quatre Familles.* |
|---|---|
| Plaqueminées, case 91. | *Troisième Paroi.* |
| Bruyères, 92. | ( *Mur de la Commode.* ) |
| Rosages, 93. | |
| Campanules, 94. | |

| 91. | 92. | 93. |
|---|---|---|
| 94. | 0. | 0. |
| 0. | 0. | 0. |

On peut ici recommencer la numération soit par les mêmes images, *observatoire, cygne, rempart,* etc., ou employer celles d'une autre série.

*( Voyez pages* 25 *,* 26 *et suivantes. )*

---

SALLE A MANGER. ( Tableaux de *Marine.* )

TROIS CLASSES. ( 10ᵉ. 11ᵉ. et 12ᵉ. )

---

*Dixième Classe.*　　　*Trois Familles.*

*Première Paroi.*
( *Mur de la cheminée.* )

Semi-flosculeuses, case 1.

Flosculeuses, 　　　2.

Radiées, 　　　　　3.

| 1. | 2. | 3. |
|---|---|---|
| 0. | 0. | 0. |
| 0. | 0. | 0. |

---

*Onzième Classe.*　　　*Quatre Familles.*

*Deuxième Paroi.*
( *Mur de la Croisée.* )

Dipsacées, 　　case 11.

Valerianes, 　　　12.

Rubiacées, 　　　13.

Chevrefeuilles, 　14.

| 11. | 12. | 13. |
|---|---|---|
| 14. | 0. | 0. |
| 0. | 0. | 0. |

*Douzième Classe.*    *Deux Familles.*

3ᵉ. *Paroi.* ( *Mur de la commode*

'Aralies,    case 21.

Ombellifères,    22.

| 2 I. | 22. | O. |
|---|---|---|
| O. | O. | O. |
| O. | O. | O. |

---

## CABINET DE TOILETTE. ( Réduit de *Nonette.* )

---

UNE CLASSE. ( 13ᵉ. )

---

*Treizième Classe.*    *Vingt-deux Familles.*

Renoncules,    case 31.

Pavots,    32.

Crucifères,    33.

Capriers,    34.

Savonniers,    35.

Malpighies,    36.

Érables,    37.

Géranium,    38.

Matéracées,    39.

*Première Paroi.*

( *Mur de la Cheminée.* )

---

| 31. | 32. | 33. |
|---|---|---|
| 34. | 35. | 36. |
| 37. | 38. | 39. |

| | | |
|---|---|---|
| Magnoliers, | case | 40. |
| Tilleuls, | | 41. |
| Anones, | | 42. |
| Guttiers, | | 43. |
| Vinettiers, | | 44. |
| Rhues, | | 45. |
| Cistes, | | 46. |
| Millepertuis, | | 47. |
| Caryophillées, | | 48. |
| Orangers, | | 49. |
| | | |
| Vignes, | | 50. |
| Menispermes, | | 51. |
| Aredoraches, | | 52. |

*Deuxième Paroi.*
( *Mur de la Croisée.* )

| | 40. | |
|---|---|---|
| 41. | 42. | 43. |
| 44. | 45. | 46. |
| 47. | 48. | 49. |

*Troisième Paroi,*
( *Mur de la Commode.* )

| | 50. | |
|---|---|---|
| 51. | 52. | o. |
| o. | o. | o. |
| o. | o. | o. |

**CHAMBRE NOIRE.** ( *Thym* et *ail.* )

**DEUX CLASSES.** ( 14e. et 15e. )

*Quatorzième Classe.*     *Treize Familles.*

| | | |
|---|---|---|
| Joubarbes, | case | 61. |
| Fecoïdes, | | 62. |
| Saxifrages, | | 63. |
| Cierges, | | 64. |
| Pourpiers, | | 65. |
| Onagres, | | 66. |
| Myrthes, | | 67. |
| Salicaires, | | 68. |
| Rosacées, | | 69. |

*Première Paroi.*
( *Mur de la Cheminée.* )

| | | |
|---|---|---|
| 61. | 62. | 63. |
| 64. | 65. | 66. |
| 67. | 68. | 69. |

Nerpruns,     case 70.

Légumineuses,     71.

Melastones,     72.

Therebinthes ,     73.

*Deuxième Paroi.*
( *Mur de la Croisée.* )

| | 70. | |
|---|---|---|
| 71. | 72. | 73. |
| 0. | 0. | 0. |
| 0. | 0. | 0. |

*Quinzième et dernière Classe.*     *Cinq Familles.*

Amentacées,     case 81.

Orties,     82.

Euphorbes,     83.

Conifères,     84.

Cucurbitacées,     85.

*Troisième Paroi.*
( *Mur de la Commode.* )

| 81. | 82. | 83. |
|---|---|---|
| 84. | 85. | 0. |
| 0. | 0. | 0. |

On voit par cette double application du même système, qu'on est parvenu à fixer dans la mémoire les choses qu'on a voulu retenir ; il suffirait presque de la seule division des parois, c'est-à-dire de la simple localité, pour rappeler à l'esprit les classes et les familles des plantes. Ce secours, offert à la mémoire naturelle, sera bien plus efficace quand on y joindra les points de rappel que nous avons indiqués.

Les applications que nous allons donner pour exemples ont été faites par un professeur ; elles nous ont paru très-mauvaises, mais elles ont suffi pour fixer les familles qu'il fallait retenir : si nous pensons qu'il est nécessaire et même indispensable d'en former de moins ridicules, nous croyons aussi que telle application qui paraîtra peu heureuse à un tiers, pourra remplir parfaitement le but de son auteur, puisque rien n'est ridicule pour celui qui attache une idée sérieuse à une figure plaisante, ou qui ne voit dans une image que ce qu'il a voulu figurer, et non ce que réellement elle représente.

On suppose donc dans la première application, (page 86), qu'un tableau comme ceux dont nous avons déjà parlé, représente : « des gens *sans cotillons* qui » volent des *champignons ;* plus loin des *alguasils* » maigres, *étiques,* arrêtent les *mousses* d'un vaisseau, » dans le moment où ils se reposaient sur la *fougère* » avec les *nayades* des environs.

On voit aisément dans les mots *sans cotillons,* acotylédones ; *alguasils,* algues ; *étiques,* hépathiques ; tous les autres noms sont entrés naturellement dans la phrase, où l'on retrouve les six familles de la première classe.

Dans la même application, troisième classe, p. 87, on suppose que : « Lise habillée d'un *simple cotillon,* » la tête ornée de *joncs,* a cueilli des *asperges* dans

» l'allée des *palmiers* ; qu'*Iris* et *Narcisse s'ap-*
» *prochent d'elle*, et lui offrent la fleur de l'*ananas.*

On retrouve sans peine dans ces mots, *simple cotil-lon*, monocotylédones; *Lise*, lys ; *s'approchent d'elle*, asphodèles ; et ainsi les huit familles de la troisième classe.

Dans la seconde application ( p. 99 ), le rapport de la famille s'établit avec l'image de la case dans laquelle elle est placée; ainsi on supposera que dans l'*obser-vatoire* on cultive des *champignons*; que le *cygne* est poursuivi par des gens armés, des *alguasils*; que le *rempart* est un lieu de promenade pour les malades, les *étiques*; que les *mousses* du vaisseau font leur toilette devant le *miroir*; que le *fauteuil* vaut mieux qu'un lit de *fougères*; que les *nayades* aiment le bruit du *cor-de-chasse*. On se représentera de plus les cases 7, 8 et 9, peintes en noir.

Et ces idées suffisent pour rappeler à la mémoire que dans la chambre du maître *déridé*, on a placé trois classes, dont la première contient six familles, que les signes ou nombres 1, 2, 3, 4, 5 et 6, rendent parfaitement, en donnant le rapport fait entre chaque famille et la case où on l'a placée.

Il est inutile de donner d'autres exemples; nous n'avons dû qu'indiquer les moyens : il sera facile de faire des tableaux, de former des phrases, et de les fixer par les procédés que nous avons indiqués.

# CHAPITRE VI.

*La Mnémonique appliquée à la Jurisprudence.*

## TABLE

### DES TITRES DU CODE CIVIL.

## TITRE PRÉLIMINAIRE.

*De la publication, des effets et de l'application des Lois en général.*

### LIVRE PREMIER.

#### DES PERSONNES.

---

# LIVRE II.

*Des biens et des différentes modifications de la propriété.*

H

Sect. III. Des droits du propriétaire du fonds auquel la servitude est due.

Sect. IV. Comment les servitudes s'éteignent.

---

# LIVRE III.

*Des différentes manières dont on acquiert la propriété.*

Dispositions générales.

TIT. I. *Des successions.*

Chap. I. De l'ouverture des successions, et de la saisine des héritiers.

Chap. II. Des qualités requises pour succéder.

Chap. III. Des divers ordres de successions.

Sect. I. Dispositions générales.

Sect. II. De la représentation.

Sect. III. Des successions déférées aux descendans.

Sect. IV. Des successions déférées aux ascendans.

Sect. V. Des successions collatérales.

Chap. IV. Des successions irrégulières.

Sect. I. Des droits des enfans naturels sur les biens de leurs père ou mère, et de la succession aux enfans naturels décédés sans postérité.

H 2

Pour

Pour appliquer la Mnémonique à l'étude des lois dont la réunion forme le Code civil, on adoptera une maison composée de trois pièces principales, par exemple, *salon, salle de bibliothèque* et *cabinet de travail.*

Le Code civil se composant de trois livres, on affectera à chacun d'eux, une pièce de cette maison.

Il est nécessaire de faire deux premières distributions des matières du Code civil, l'une de la division des titres, chapitres, sections et paragraphes; l'autre du contenu en chaque article.

## PREMIÈRE DISTRIBUTION.

*De la division des Livres et des Titres du Code civil.*

### DIVISION DES LIVRES.

Le titre préliminaire qui précède le premier livre, sera placé dans le donjon de la maison dont nous venons de parler.

Le livre premier traite *des personnes* : ses onze titres seront distribués dans le *salon,* pièce dont la dénomination indique le lieu où se rend la société, où se réunissent *les personnes* de la maison; ce qui suffit pour rappeler que le livre premier traite *des personnes.*

Le second livre qui traite *des biens et des différentes modifications de la propriété* contient quatre titres :

I

on lui affectera la *salle de bibliothèque*, dont les livres et manuscrits ont pour objet, la nature *des biens*, leur usage, les servitudes, les procès qui ont lieu entre voisins ; enfin la bibliothèque sera celle d'un homme riche qui veut connaître les moyens de conserver *ses propriétés.*

Le troisième livre qui traite *des différentes manières dont on acquiert la propriété*, se compose de vingt titres ; on lui destinera le cabinet de travail, où se trouvent :

1°. Les arbres généalogiques et les testamens, qui établissent les droits dans les successions.

2°. Les contrats et titres qui établissent la propriété des biens acquis.

3°. L'argent et les valeurs qu'on destine à de nouvelles acquisitions.

## DIVISION DES TITRES.

Le livre premier est précédé d'un titre préliminaire, *de la publication, des effets* et *de l'application des lois en général.*

Supposons sur le donjon une renommée ayant une trompette en main pour proclamer et *publier* au loin la loi qui vient d'être rendue. Il est inutile de fixer la suite du titre, *effets et applications ;* elle se trouvera comprise dans la distribution détaillée des articles de ce titre, que les parois du donjon sont destinées à recevoir.

Le livre premier contient onze titres, qu'on peut placer dans les cases du *salon*, distribuées comme celles de la première chambre Mnémonique.

On fixera donc :

Sur le parquet,

Titre Iᵉʳ. de la jouissance et de la privation des droits civils, à la case *observatoire*.

Titre II, des actes de l'état civil, au *cygne*.

Titre III, du domicile, au *rempart*.

Titre IV, des absens, au *miroir*.

Titre V, du mariage, au *fauteuil*.

Titre VI, du divorce, au *cor-de-chasse*.

Titre VII, de la paternité et de la filiation, à la *faulx*.

Titre VIII, de l'adoption et de la tutelle officieuse, à la *tête de cerf*.

Titre IX, de la puissance paternelle, à la *rose* ou au *poëlon*.

Sur la première paroi, (mur de la cheminée.)

Titre X, de la minorité, de la tutelle et de l'émancipation, au *jet-d'eau*.

Titre XI, de la majorité, de l'interdiction et du conseil judiciaire, à *l'échelle.*

Il est nécessaire maintenant d'établir des rapports, de se créer des images ou des tableaux selon la méthode que nous avons déjà fait connaître.

Titre I<sup>er</sup>., « de la jouissance et de la privation des » droits civils. »

Le mot *civil* est toujours sous-entendu, il tient au code même ; supposons sur *l'observatoire* ou sur la *tour* un homme qui se promène librement, *jouissance des droits.* Dans la partie inférieure de la *tour* et derrière une fenetre grillée, on apperçoit un autre homme qui paraît détenu et enchaîné, *privation des droits.*

Titre II, « des actes de l'état civil. »

Le cygne ou un quadrupède, *le cheval,* par exemple, tient un pied levé prêt à marcher pour agir, action, *actes.*

Titre III, « du domicile. »

Sur le *rempart* on place un hermitage, un simple réduit, où un amateur de la solitude a fixé son *domicile.*

Titre IV, « des absens. »

La *glace* sera le miroir magique de Zémire et Azor ; elle représente les *absens.*

Titre V, « du mariage. »

Le *fauteuil* rappelle l'homme devenu plus séd'entaire et dont l'esprit est plus *rassis*.

Titre VI, « du divorce. »

Le *cor-de-chasse* indique le *bruit*, le *départ*, la *division* ou *séparation* des chasseurs.

Titre VII, « de la paternité et de la filiation. »

La *faulx* rappelle le tems de la moisson, les jeux des familles, des pères et des enfans, sur les gerbes; elle rappelle encore *Saturne* qui dévorait ses enfans, ses fils.

Titre VIII, « de l'adoption et de la tutelle offi-
» cieuse. »

Le cerf ou la *biche* qui *adopte* l'enfant de Geneviève de Brabant.

Titre IX, « de la puissance paternelle. »

La *poële* destinée à préparer les alimens de l'homme, rappelle sa *puissance* sur les animaux et les végétaux; par analogie, elle rappellera le pouvoir du père sur ses enfans.

Titre X, « de la minorité, de la tutelle et de l'é-
» mancipation. »

Dans le *bassin* du jet-d'eau, je vois des enfans qui se sont dérobés à l'œil vigilant de leur maître, et qui se baignent malgré sa défense. Les enfans annoncent la *minorité*, le maître la *tutelle*, et leur action *émancipation*.

Titre XI, « de la majorité, de l'interdiction et du » conseil judiciaire. »

L'*échelle* sur un mur au niveau d'une fenêtre ouverte ; un *major* aux arrêts se sauve à l'aide de cette échelle ; le *conseil* s'assemble, il est *jugé* et *interdit* ou cassé. On voit que major rappelle *majorité* ; conseil, jugé, *conseil judiciaire* ; interdit, *interdiction*.

C'est une remarque générale et vraie, que ces tableaux, quoique figurés grossièrement, pourvu qu'on les fixe un moment à la case correspondante, suffisent pour graver dans la mémoire, à la place même qu'on veut lui assigner, un fait ou l'analyse d'un fait quel qu'il soit, et le faire retrouver lorsqu'on cherche le rapport pour lequel ce tableau ou cette image a été formée.

*De la division des chapitres, sections et paragraphes.*

Lorsqu'il est question de mnémoniser les chapitres et sections des titres, on peut partager chaque case en autant de subdivisions et parties que le titre a de chapitres et sections.

## Division des Chapitres.

Le titre premier contient deux chapitres.

Le premier, « de la jouissance des droits civils. »

Le second, « de la privation des droits civils. »

En supposant la tour ou *observatoire* coupé horizontalement en deux parties ; un homme libre se promenant sur la partie supérieure, la tête couverte, suffira pour rappeler que le chapitre premier traite de la *jouissance des droits civils.*

Une prison ou une fenêtre grillée qu'on remarquera dans la partie inférieure, suffira pour rappeler que le chapitre second traite de la *privation des droits civils.*

## Division des sections et paragraphes.

Le chapitre second renferme deux sections.
Section première, « de la privation des droits ci-
» vils par la perte de la qualité de Français. »

Section seconde, « de la privation des droits civils
» par suite des condamnations judiciaires. »

La partie inférieure de la *tour* se divisera par un trait vertical en deux parties : d'un côté on voit un homme tête nue et fuyant, *émigration,* etc. ; de l'autre côté, un homme enchaîné, ayant également la tête nue, *condamnation judiciaire.*

Cette méthode de couper l'image de la case par des lignes verticales et horizontales, n'est point la seule qu'on puisse mettre en usage.

On peut encore charger l'image de la case primitive destinée à recevoir le titre même, de toutes les indications des chapitres et dans leur ordre, en les plaçant de suite de gauche à droite; en voici un exemple :

Nous avons fixé le titre deux, *des actes de l'état civil,* à la case 2. *cygne* ou *cheval.*

Le cheval est sellé et bridé, le pied levé .... *disposition* à courir; il a au front une étoile de mérite: c'est un rapport avec le *général.* Ces indices sont suffisans pour indiquer le premier chapitre, *dispositions générales.*

Un enfant *nouvellement né* est dans sa barcelonette; celle-ci est fixée sur le devant de la selle,... chapitre deux, *des actes de naissance.*

Derrière l'enfant, une femme ayant à son bonnet, le chapeau ou bouquet de fleurs d'orange d'une *mariée,* rappelle le chapitre trois, *des actes de mariage.*

Une bière ou corbillard traîné par le cheval indique le chapitre quatre, *des actes de décès.*

Plus loin, un *militaire qui s'éloigne*, c'est le chapitre cinq, *des actes relatifs aux militaires absens.*

Enfin un pédant qui *corrige* des enfans, donne le chapitre six, *de la rectification des actes de l'état civil.*

Sans doute, ces images ne signifient pas tout cela; mais ces rapports, quoiqu'imparfaits, suffiront pour rappeler à la mémoire les choses ou les titres sous lesquels on les a figurés.

On peut encore, si l'on veut avoir plus de *localités*, pour caser les chapitres et sections, prendre une maison plus considérable, dans laquelle on choisira un plus grand nombre de chambres.

Supposons qu'on ait fixé le livre premier du Code civil dans deux pièces voisines l'une de l'autre, par exemple, dans le salon et la salle de danse, lieux où se réunit un plus grand nombre de *personnes.*

Aucun des titres ne renferme plus de dix chapitres, alors on fixera les titres de dix en dix cases; savoir :

Dans *le salon*,

Le titre I$^{er}$., à *l'observatoire*, case 1$^{re}$.

Le titre II, à l'*échelle*, case 11.

Le titre III, au *voltigeur*, case 21.

Le titre IV, à *Guillaume Tell*, case 31;

Le titre V, au *gril*, case 41.

### Dans *la salle*,

Le titre VI, au *perruquier*, case 51.

Le titre VII, au *flacon électrique*, case 61.

Le titre VIII, au *charretier*, case 71.

Le titre IX, au *chandelier*, case 81.

Le titre X, à *l'enfant prodigue*, case 91.

On peut créer une paroi de supplément pour le titre XI, et supposer à la salle une forme pentagone, c'est-à-dire ayant cinq côtés; alors la cinquième paroi contiendra à la première case le nombre 101, qu'on figurera en *pompe à feu*: le zéro forme le corps du bâtiment, et les deux chiffres 1 sont les cheminées ou les conduits de la fumée.

On peut ainsi, selon le besoin, créer des images nouvelles.

On remarquera que par la première distribution que nous avons faite des titres, 1, 2, 3, 4 et suivants, dans les cases 1, 2, 3, 4 et autres de la première chambre ou salon, l'ordre de la case indique le rang du titre; ainsi la case 5 rappelle le chapitre V du premier livre; et le *fauteuil*, image de cette case, rappelle le *mariage*, sujet du chapitre : la case huitième, *tête de cerf* ou *biche*, indique le chapitre **VIII** *de l'adoption et de la tutelle officieuse.*

Par la seconde distribution de 10 en 10, nous conservons le même avantage, et pour retrouver le rang du titre par la case où il est fixé, il suffira de réduire le nombre, c'est-à-dire les chiffres indicatifs de l'ordre de la case à leur valeur plus simple ; ainsi, veut-on savoir quel est le rang du titre placé à la case du *perruquier* ? Le *perruquier* c'est 51 ; joignons l'un à l'autre ces deux chiffres 5 et 1, comme de simples unités, en disant, 5 et 1 font 6, ce nombre 6 indique que le titre fixé au *perruquier* est le sixième titre du livre *des Personnes*. Si on demande quel est le rang des titres placés au *gril* 41, et à l'*enfant prodigue* 91, on dira 4 et 1 font 5. — 9 et 1 font 10. — Ce sont les titres 5 et 10 du premier livre, et de même pour les autres.

Cette distribution des titres de 10 en 10, offre cet avantage qu'on peut placer les chapitres dans les cases qui suivent immédiatement celle du titre auquel ils appartiennent : ainsi, dans le titre premier qui se compose de deux chapitres, on fixera le premier à la case 2, ou *cygne*, qui suit immédiatement *l'observatoire*, ou case 1, dans laquelle le titre est fixé. Le chapitre second sera mis dans la case 3, ou *rempart* ; il en sera de même pour les titres qui se composent d'un plus grand nombre de chapitres.

Pour connaître le rang du chapitre et celui du titre
en même tems, il suffira d'ôter du rang ou numéro
d'ordre de la case une unité du chiffre simple, et d'en
ajouter une au chiffre de la dixaine : ainsi, dans les
cases 3, ou o3. — 15, etc., on trouvera dans o3, que
le premier chiffre 3 moins 1, est 2, et que o, second
chiffre plus 1, est 1, et ce raisonnement indique
deuxième chapitre, premier titre. — On trouvera
dans 15, que 5 premier chiffre moins 1, est 4;
et 1 second chiffre plus 1, est 2; ce qui donne par
conséquent, quatrième chapitre, deuxième titre, etc.

Lorsqu'un chapitre contient plusieurs sections, et
les sections plusieurs paragraphes, on peut faire de
nouvelles divisions et subdivisions par des tableaux
figurés ou sur de nouvelles localités, comme nous
l'avons précédemment indiqué : par exemple, prenons
la case cinquante-troisième, qui indique suivant ce
que nous venons de dire, le chapitre II du sixième
titre, *du divorce pour cause déterminée.*

Ce chapitre est composé de trois sections.

On peut mentalement retirer la case cinquante-trois
de sa paroi, et supposer à cette case la forme d'un
cabinet, présentant trois parois.

La première section, *des formes du divorce pour
cause déterminée,* se placera sur la première
paroi.

La deuxième section, *des Mesures provisoires aux-quelles peut donner lieu la demande en divorce pour cause déterminée*, occupera la seconde paroi.

La troisième section, *des fins de non-recevoir contre l'action en divorce pour cause déterminée*, sera fixée à la troisième paroi.

Ces sections ainsi casées par la localité sur les parois 1, 2 et 3, auraient pû l'être également par de nouvelles images ou tableaux figurés placés dans ces parois.

On voit que les divers moyens que nous venons d'indiquer pour distribuer les titres, chapitres et sections du premier livre, peuvent servir pour les livres deux et trois, et qu'on peut étendre ou resserrer à volonté les lieux adoptés pour le classement des titres et des chapitres qu'ils contiennent.

## SECONDE DISTRIBUTION.

*Du contenu en chacun des articles du Code civil.*

Avant de faire cette application aux détails du Code civil, nous croyons devoir offrir à nos lecteurs la distribution des titres du Code de procédure, et ne leur présenter ensuite qu'un même travail pour fixer les articles des deux Codes. ( Voyez p. 153. )

# CODE DE PROCÉDURE CIVILE.

TABLE DES LIVRES ET TITRES CONTENUS DANS LE . CODE DE PROCÉDURE CIVILE.

~~~~~~~~~~~~~~~~~

## PREMIÈRE PARTIE.

———

## LIVRE PREMIER.

### DE LA JUSTICE DE PAIX.

———

---

# LIVRE II.

## DES TRIBUNAUX INFÉRIEURS.

----

# LIVRE III.

## DES COURS D'APPEL.

LIV. IV.

# LIVRE IV.

## DES VOIES EXTRAORDINAIRES POUR ATTAQUER LES JUGEMENS.

———

# LIVRE V.

## DE L'EXÉCUTION DES JUGEMENS.

K

---

# DEUXIÈME PARTIE.

## PROCÉDURES DIVERSES.

---

## LIVRE PREMIER.

---

# LIVRE II.

PROCÉDURES RELATIVES A L'OUVERTURE D'UNE SUCCESSION.

---

# LIVRE III.

K 2

Les principes mis en usage pour l'étude du Code civil, peuvent s'appliquer à l'étude du Digeste, des Pandectes, et généralement de toutes les lois et ordonnances, qu'on devra réunir d'abord par ordre de matières.

Nous en donnerons un nouvel exemple, en localisant de plusieurs manières et par différens moyens, le Code de procédure civile; on remarquera que ses titres ne contiennent ni chapitres ni sections, et que par conséquent le nombre des figures à employer, sera moins considérable.

Le Code de procédure se divise en *deux* parties; la première contient cinq Livres, et la seconde trois.

On choisira dans une maison *deux* pièces voisines l'une de l'autre, par exemple, l'*étude* et le *cabinet* d'un *notaire connu.*

Nous disons d'un *notaire connu,* parce qu'on doit autant que possible choisir les localités dont on veut faire usage pour l'application de la Mnémonique, parmi les monumens publics ou les maisons de ses amis dont on connaît mieux la distribution et l'ameublement; alors il y aura moins de vague dans les idées, et l'esprit trouvera plus facilement les rapports qu'il doit faire et les images qu'il aura employées.

Nous placerons dans l'*étude* la première partie du

Code de procédure , c'est-à-dire les cinq premiers
Livres, et dans le *cabinet*, la seconde partie , c'est-à-
dire les trois derniers.

Nous supposerons à l'*étude* une forme *pentagone*,
et chacune de ses cinq parois rappellera le livre qui lui
aura été confié. Le *cabinet* sera *triangulaire*, et les
livres de la seconde partie du Code , au nombre de
trois, occuperont chacun une paroi du triangle.

On remarquera que dans cette distribution , nous
n'employons ni le parquet, ni la paroi de la porte ,
qui pourront, s'il en est besoin, servir à quelques paragraphes de détail.

## DIVISION

*De la premiere partie du Code de Procèdure
civile.*

## ÉTUDE.

### PREMIÈRE PAROI.

*Jet-d'eau*, case 10 ,

Livre premier, *de la justice de paix.*

*Échelle* , case 11,

Titre I$^{er}$. *Des citations.*

*Fumeur*, case 12,

Titre II. *Des audiences du juge de paix et de la comparution des parties.*

*Temple de Mémoire*, case 13.

Titre III. *Des jugemens par défaut et des oppositions à ces jugemens.*

*Diogène*, case 14,

Titre IV. *Des jugemens sur les actions possessoires.*

*Cep-de-vigne*, case 15,

Titre V. *Des jugemens qui ne sont pas définitifs, et de leur exécution.*

*Cérès*, case 16,

Titre VI. *De la mise en cause des garans.*

*Charpentier*, case 17,

Titre VII. *Des Enquêtes.*

*Cloutier*, case 18,

Titre VIII. *Des visites des lieux et des appréciations.*

*Robinson*, case 19,

Titre IX. *De la récusation des juges-de-paix.*

On peut remarquer ici l'avantage de ce premier moyen de distribution : chaque case indique par son premier chiffre, ( chiffre des unités ), le titre qui lui est confié, et par le second ( chiffre des dixaines ), le livre du Code auquel ce titre appartient.

Ainsi, dans la case 10, le chiffre zéro indique que cette case ne contient point de titres, et le chiffre 1, qu'il s'agit du livre I<sup>er</sup>. Ce chiffre 1 *commande* la paroi et indique encore que ce qui va suivre contiendra les divisions du livre premier : dans la case 17, le chiffre 7 indique qu'il s'agit du titre 7, et le chiffre 1, que ce titre appartient au livre premier.

Le même mode peut être employé pour la distribution des autres livres et de leurs titres, sur les parois auxquelles ils appartiennent. Et par les mêmes principes, les cases 24, 31, 42, 58, indiqueront d'elles-mêmes par leurs chiffres, qu'elles contiennent les titres IV du deuxième Livre.—I<sup>er</sup>. du troisième Livre. — II<sup>e</sup>. du quatrième Livre. — Et VIII<sup>e</sup>. du cinquième Livre, etc.

On voit par cette numération de 9 en 9, suivie du chiffre décennaire servant de point de départ aux subdivisions qu'il précède , que la chambre appelée *Étude*, contient en raison de ses cinq parois, soixante cases ; savoir :

De 1 à 9 au parquet. ( Cases non employées et mises en réserve. )

De 10 à 19, première paroi. ( Cases employées. )

De 20 à 29 , seconde paroi.  (Cases employées.)

De 30 à 39, troisième paroi. (          *Id.*          )

De 40 à 49, quatrième paroi. (          *Id.*          )

De 50 à 59, cinquième paroi. (          *Id.*          )

Et 60 placé au plafond.

La seconde chambre ou *cabinet*, ne contiendra que quarante cases , n'ayant que trois parois :

De 1 à 9 au parquet. (Cases non employées et mises en réserve. )

De 10 à 19, première paroi. (Cases employées.)

De 20 à 29, deuxième paroi. (          *Id.*          )

De 30 à 39, troisième paroi. (          *Id.*          )

Et 40 , placé au plafond.

On pensera peut-être que cette nouvelle distribution en trois et cinq parois au lieu de quatre , n'est point conforme à ce que nous avons dit ( p. 15.). Mais cette différence ne peut faire de difficulté , puisque nos principes peuvent s'appliquer à une distribution plus ou moins étendue, et qu'en suivant le même ordre de numération, on pourrait se créer une seule chambre ou salon , de forme ennéagone, c'està–dire , ayant neuf parois , et contenant 100 cases , 9 au parquet, 10 à chaque paroi, et la case n°. 100 au plafond.

Si l'une des grandes divisions auxquelles on donne

une paroi entière, présentait plus de 9 subdivisions ,
( ce qui arrive pour le second livre de la première
partie du Code de procédure , qui contient 25 titres, )
alors on peut subdiviser la paroi en un plus grand
nombre de cases : on peut adopter la distribution décrite page 58 ( figure 8 , planche n°. o ), alors chaque
case de 1 à 31, s'il est nécessaire, contiendrait un
titre du livre qui y serait fixé.

Si au contraire l'une des grandes divisions dont nous
parlons , ne contient qu'un ou deux titres, ( ce qui
arrive pour les Livres III et IV de la première partie
et le livre III de la seconde partie du Code de procédure , ) la paroi se divise en autant de cadres qu'il
en faut, d'après ce que nous avons dit page 56 ( figures
A B. C. D. E. F. G. planche n°. o ).

Ces diverses indications seront plus que suffisantes
pour guider le Mnémoniste : il doit être le propre
architecte de son ouvrage.

Nous allons passer à l'application de la Mnémonique
à l'étude des articles ou petites subdivisions.

## SECONDE DISTRIBUTION. (1)

*De l'application de la Mnémonique à l'étude des
articles du Code civil, du Code de procédure, des
lois, ordonnances, etc.*

Parmi les procédés que nous allons indiquer pour

---

(1) La première distribution est page 129.

localiser et fixer les articles des sections , chapitres et titres déjà distribués, on s'arrêtera à celui qu'on croira le plus convenable. Bien que l'on offre ici plusieurs moyens, il en est beaucoup d'autres que le Mnémoniste imaginera sans peine, et que le temps et l'habitude lui rendront faciles et familiers.

### Premier moyen.

Le Code civil se compose de 2281 articles ; on pourra les distribuer en 23 maisons, à raison de 100 dans chacune des 22 premières, et de 81 pour la vingt-troisième ou dernière, dans laquelle on peut encore placer les lois transitoires et de réunion.

Dans chacune de ces maisons, on établira le nombre de chambres et dans celles-ci le nombre de cases dont on aura besoin, en les plaçant toujours, 9 au parquet et 10 à chaque paroi.

### Deuxième Moyen.

On peut substituer aux maisons , tous les objets susceptibles d'offrir des images variées, telles qu'une suite de faits ou de tableaux ; ainsi, Homère, Virgile, le Tasse , Milton, la Bible, et tout ouvrage ayant une suite et des divisions, la galerie des tableaux, ou le salon des antiques du Muséum , un cabinet d'histoire naturelle ou de physique, un laboratoire de chymie ou de pharmacie, un jardin destiné à l'étude de la botanique, un herbier, et tout ce qui se compose d'une suite de tableaux, d'objets, de productions ou d'instrumens, aideront le classement et la distribution d'un ouvrage ou d'un système, et le Mnémoniste pour fixer sa mémoire choisira de préférence ce qui lui convient le mieux, suivant qu'il est homme de lettres, peintre, physicien ou chymiste.

### *Troisième Moyen.*

On peut subdiviser la case même où l'on aura fixé la section, le chapitre ou le titre, dont on veut mnémoniser les articles.

Cette subdivision se fait en *premier lieu*, pour les masses, et en *second lieu*, pour le détail de ces masses.

Supposons, par exemple, que le titre XX du III°. Livre du Code civil, soit fixé à la case 20 de la chambre qui lui aura été destinée.

Le titre XX *de la Prescription*, contient cinq chapitres : nous chercherons cinq images ou figures du nombre 20 ; prenons celles indiquées pages 18, 25 et suivantes.

*Diogène sortant d'un tonneau.*
*Chien de charron ou de cloutier.*

*Oie rôtie.*

*Argus changé en paon.*

*Nid de cicogne.*

Ces cinq images se placent idéalement dans la case 20 ; une à chaque angle et une au centre, ( planche n°. 00., figure 5. )

Le chapitre I<sup>er</sup>. *Dispositions générales*, se localisera à *Diogène sortant du tonneau.*

Le chapitre II, *de la Possession*, se rapportera au chien du charron.

Le chapitre III , *des causes qui empêchent la prescription*, occupera le centre, *oie rôtie.*

Le chapitre IV, *des causes qui interrompent ou qui suspendent le cours de la prescription*, sera fixé à *Argus changé en paon.*

Enfin, le chapitre V et dernier, *du temps requis pour prescrire*, se placera au *nid de cigogne.*

Par cette première subdivision du titre , on a déjà localisé les masses, c'est-à-dire les chapitres ; une nouvelle division d'*Argus changé en paon* et du *nid de cigogne*, mettra à même de reconnaître les sections dont les chapitres IV et V sont composés, ( voyez aussi ce que nous avons dit, pages 134 et 135.)

Nous avons fixé le chapitre I<sup>er</sup>. *Dispositions générales*, à *Diogène sortant du tonneau*, par un rapport quelconque, celui-ci par exemple : « Diogène « sort de son tonneau; il a une raison, un motif sans doute, il est *disposé* à faire quelque chose, mais on ignore encore ce qu'il veut faire, c'est une chose en *général*, etc., *dispositions générales*.

L'idée du *tonneau* de Diogène rappellera sans peine l'*idée* du *tonnelier* qui l'a fait, etc. Ce sera sur les principaux ustensiles ou meubles à son usage, que se fixeront les articles du chapitre premier.

On choisira de préférence ceux de ces instrumens ou meubles dont la forme se rapprochera le plus de la numération 1, 2, 3, 4, 5, 6, 7, 8, 9, etc., afin de conserver aux articles le rang qu'ils occupent entre eux, et éviter par-là toute confusion.

Le chapitre premier contient neuf articles, cherchons neuf images, suivant les procédés que nous avons développés dans le chapitre premier, page 18.

*( SUIT LE TABLEAU FIGURATIF. )*

| RANG QUE TIENT l'article mnémonisé | | FIGURE DONNÉE au | RAPPORT avec le |
| dans le Code. | dans le cha-pitre. | chiffre indiquant le rang que l'article tient dans le chapitre. | |
|---|---|---|---|
| 2219. | 1. | Verge de jau-geage. | Ligne droite comme 1. |
| 2220. | 2. | Chantiers. | Deux morceaux de charpente ⊐. |
| 2221. | 3. | Entonnoir. | Chaque moitié pré-sente presque la forme d'un 3. |
| 2222. | 4. | Table ou établi. | Ayant la forme d'un ▢. |
| 2223. | 5. | Mesure. | Cordage pour con-naître la grosseur des tonneaux. |
| 2224. | 6. | Marteau. | Le côté recourbé a la forme d'un 6. |
| 2225. | 7. | Outre. | Une extrémité très-ample, l'autre plus étroite. |
| 2226. | 8. | Double cercle. | Placés l'un sur l'autre, ils forment 8. |
| 2227. | 9. | Tablier. | Le dos du tablier est le rond du 9, et la pointe qui vient sur l'estomac, en fait l'extrémité. |

Le chapitre II *de la Possession*, est fixé au *chien* *du charron*, par un rapport aisé : «le chien du charron » lui appartient, il est en sa *possession*. » Ce chapitre se compose de 8 articles, il faut également chercher huit images, et faire pour le charron ce que nous avons fait pour le tonnelier.

| RANG QUE TIENT l'article mnémonisé | | FIGURE DONNÉE au | RAPPORT avec le |
|---|---|---|---|
| dans le Code. | dans le cha-pitre. | chiffre indiquant le rang que l'article tient dans le chapitre. | |
| 2228. | 1. | Rabot. | Présente une ligne horisontale —. |
| 2229. | 2. | Couteau à 2 mains. | Les 2 poignées. |
| 2230. | 3. | Chevalet. | Ayant 3 côtés. |
| 2231. | 4. | Tour. | Offrant quatre côtés comme ▢. |
| 2232. | 5. | Besaigue. | Les deux parties saillantes du milieu présentent cette forme 5. |
| 2233. | 6. | Marteau. | Comme au marteau du tonnelier. |
| 2234. | 7. | Hache. | En la tenant droite, elle a la forme du 7. |
| 2235. | 8. | Moyeu. | Qui présente deux O l'un dans l'autre. |

On voit qu'il est aisé de fixer chaque article par un rapport quelconque, ou par un tableau en rapport avec le mot ou image qui correspond : on peut aussi, par les principes développés pages 33, 34 et 35, fixer à chaque article son rang dans le Code. Si l'on avait à fixer, par exemple, 2219 ou 2235, les images *verge de jaugeage, moyeu*, indiqueront les articles 1 et 8 du chapitre, et les consonnes du mot ou de la périphrase attachée à cette image, exprimeront les rangs 2219, 2235 du Code.

### Quatrieme moyen.

Si l'on a adopté la distribution des titres que nous avons indiquée ( page 137 ) de dix en dix, il est aisé, après avoir distribué les chapitres et les sections dans les cases intermédiaires, de faire de nouvelles divisions dans chacune de ces cases, et d'y attacher pour chaque article un tableau idéal.

Nous donnerons plusieurs exemples d'application.

On ne doit point oublier que le texte des articles a dû être en premier lieu confié à la mémoire naturelle, et que la Mnémonique n'a pu être appliquée qu'au sens ou analyse de ces mêmes articles.

## *Titre préliminaire du Code civil.*

Article I<sup>er</sup>. « Les lois sont exécutoires dans tout le
» territoire français, en vertu de la promulgation qui
» en est faite par le premier Consul.

» Elles seront exécutées dans chaque partie de la
» république , du moment où la promulgation en
» pourra être connue.

» La promulgation faite par le premier Consul, sera
» réputée connue dans le département où siégera le
» gouvernement, un jour après celui de la promulga-
» tion ; et dans chacun des autres départemens, après
» l'expiration du même délai , augmenté d'autant de
» jours qu'il y aura de fois dix myriamètres ( environ
» vingt lieues ) , entre la ville où la promulgation
» en aura été faite , et le chef-lieu de chaque dépar-
» tement. »

Cet article peut se mettre en tableau, de la manière
suivante : ( fig. 1<sup>re</sup>., planche n°. B. ).

Un livre ouvert représente la loi ; l'homme placé
au-dessus, la promulgue au loin.

Une ligne qui s'étend au - dessus des clochers,
maisons et arbres, indique que la promulgation s'é-
tend à tout le territoire français : les distances égales
1. 2. 3. 4. 5. etc. indiquent qu'il est accordé pour

L

l'exécution de la loi, ou pour qu'elle soit censée connue, un temps proportionné aux distances ou éloignement du lieu de la promulgation.

---

Art. 3. « Les lois de police et de sûreté obligent » tous ceux qui habitent le territoire.

» Les immeubles, même ceux possédés par des » étrangers, sont régis par la loi française.

» Les lois concernant l'état et la capacité des per- » sonnes, régissent les français, même résidant en » pays étrangers. »

Tableau d'application, figure 2, planche nº. B.

L'œil et la clef indiquent les lois de *police* et de *sûreté*.

Le champ moitié dehors et moitié dedans, indique que la loi s'étend sur les immeubles, soit qu'ils appartiennent aux étrangers ou aux nationaux.

La flèche qui va frapper un homme dans le champ, indique que la loi régit le Français, même en pays étrangers.

---

Article 4. « Le juge qui refusera de juger, sous

» prétexte du silence , de l'obscurité ou de l'insuffi-
» sance de la loi, pourra être poursuivi comme cou-
» pable de déni de justice. »

Tableau d'application, figure 3, planche n°. B.

Un bâton sur une chaise représente le défaut de
jugement ; le point noir est l'obscurité de la loi; les
feuilles tombant du livre de la loi indiquent ce qui
manque , ou insuffisance de la loi ; la ligne courbe et
le glaive dirigés vers le juge , indiquent qu'on peut
l'atteindre , etc.

On doit, pour que l'esprit saisisse plus rapidement,
et se rappelle mieux les idées exprimées par ces
peintures, s'habituer à rendre la même chose d'une
même manière : ainsi la loi sera toujours indiquée par
un *livre*, la justice par une *chaise*, le prince par une
*étoile*; la poursuite, sera une *ligne courbe*; l'incertitude ou l'obscurité, un *point noir*; la sûreté, *une
clef*; la surveillance, un *œil*; la France, un *carré*, etc.

Nous ne dissimulerons pas que ces applications
offrent par fois des difficultés, mais il suffit de vouloir
les vaincre; chaque effort qui tend à ce but, laisse
dans la mémoire des traces assez profondes , pour
qu'elle retrouve avec facilité les idées ou les choses
ainsi fixées.

*Fin du sixième Chapitre.*

L 2

# CHAPITRE VII.

*Application de la Mnémonique à l'étude de la Géographie.*

On a vu combien les procédés de la Mnémonique moderne étaient ingénieux pour retenir les chiffres. En les enveloppant dans des mots ou des phrases, qui se gravent facilement dans la mémoire, elle est parvenue à s'approprier ces caractères fugitifs, et à fortifier l'esprit de leur exactitude rigoureuse ; les procédés qu'elle emploie en géographie ne sont pas moins heureux. Ces vastes régions, dont la position, sans le secours des cartes, nous paraissait incertaine, vont prendre la place qui leur appartient ; la situation même des villes du monde entier, ne sera plus la propriété exclusive des dictionnaires ; on verra que la Mnémonique rivalise avec eux, et parcourt d'un pas sûr tous les intervalles des cercles que le Géographe a placés sur le Globe.

*Des Régions, ou Grandes Divisions.*

La Mnémonique procède analytiquement; elle va

d'abord reconnaître et assigner la place des grandes régions ; elle considérera ensuite les empires , les villes, les rivières , et tous les objets dignes d'être remarqués.

Le Mnémoniste, toujours fidèle à sa méthode de rattacher à des objets connus et familiers les nouveaux objets qu'il veut fixer , se renferme dans sa chambre ; là, il se suppose placé au centre de la terre ; l'hémisphère boréal ou septentrional est représenté par les parois de sa chambre, et l'hémisphère méridional ou austral, par les parois d'une chambre inférieure, qu'il suppose semblable à celle qu'il occupe.

La chambre supérieure est en tout semblable à celle que nous avons décrite, page 14 , (voyez planche n°. o, figure 1. ) A. désigne le plancher ou parquet, que l'on suppose transparent, et être le juste milieu des deux chambres.

B. est le mur de la cheminée ou première paroi : C. D. E. sont les autres murs ou parois 2. 3. et 4.

Les quatre lettres F. forment le plafond, ainsi divisé et ajouté par quart à chacun des quatre murs , par des lignes tirées de leurs extrémités supérieures au centre du plafond.

La chambre inférieure se divisera d'après les mêmes

principes, avec cette différence seulement que son plafond ne faisant qu'une seule et même ligne avec le parquet transparent de la chambre supérieure, le plancher ou parquet de cette chambre inférieure, sera idéalement pris pour son plafond, et c'est là que viendront se joindre les quatre pointes F. ( Fig. 6, pl. n°. aa. )

Il ne sera peut-être pas inutile de soumettre aux yeux la division des deux chambres en huit parois. ( V. fig. 1ʳᵉ., planche, n°. aa. )

Les carrés 3, 4, 1, 2, forment la chambre supérieure, et les carrés 7, 8, 5, 6, la chambre inférieure.

Les quatre pointes 9 sont les parties du plafond supérieur qui se partagent comme nous l'avons dit, par quart sur chaque paroi, pour aider au développement de la chambre et à l'étude des parois. Il en est de même des quatre pointes 10 qui sont les parties du plafond de la chambre inférieure; la ligne aa. est l'équateur, (grand cercle qui partage le Globe en deux parties égales ); les murs 1, 2, 3, 4, et leurs prolongemens 9 réunis, forment l'hémisphère boréal; le pôle nord sera donc au centre du plafond : ainsi les lignes verticales que l'on tracera sur ces murs, à commencer du parquet ou équateur, et les prolongeant jusqu'au centre du plafond, seront des méridiens (1); et si l'on

(1) Les *méridiens* sont de grands cercles, que l'on suppose passer par les pôles du Globe; dans presque toutes les cartes géogra-

tire au contraire des lignes horizontales qui croisent les premières, on aura les parallèles, c'est-à-dire des cercles parallèles à l'équateur ou au plancher (2).

Maintenant, divisons chacun des murs ou parois 1, 2, 3, 4, 5, 6, 7 et 8 par 9 lignes verticales et 9 horisontales; pour ces dernières, 6 seront fixées sur le mur et 5 sur le plafond. (Voyez même planche, fig. 2.)

Chaque bande verticale devient une échelle (3) dont les lignes horisontales sont les échelons (4), et les lignes droites les montans (5).

---

phiques, ils sont représentés par des lignes tirées de haut en bas, qui se rapprochent l'une de l'autre par une de leurs extrémités, quand la carte ne représente qu'une région de l'un ou de l'autre hémisphère, et par les deux extrémités, lorsque les cartes représentent une partie de l'hémisphère septentrional et une partie de l'hémisphère méridional.

(2) Les *parallèles* sont des cercles tracés dans le sens contraire, c'est-à-dire dans le sens de l'équateur, dont chaque cercle est également distant dans toute son étendue. Nous nous contenterons de rappeler ces définitions à nos lecteurs; il a fallu leur supposer quelque connaissance de la division géographique de la terre : autrement nous n'aurions pu nous dispenser d'en présenter les principes, ce qui ne pouvait entrer dans la composition de cet Ouvrage. On peut recourir à cet égard aux nombreux traités que nous avons sur cette matière.

(3) On appelle *échelle* l'espace contenu entre deux méridiens.

(4) Les *échelons* divisent l'*espace* contenu entre les parallèles.

(5) Ou méridiens.

Le mur 1 ( figure première ) ainsi divisé , nous représente un quart de l'hémisphère boréal, c'est-à-dire un espace de 90°. de longitude orientale, car ces bandes verticales étant des méridiens doivent mesurer exactement cet espace ; et en effet, chaque bande contient 10°., et comme elles sont au nombre de 9, il suffit d'ajouter à chacune d'elles numérotées 1 , 2, 3, 4, 5, 6, 7, 8, 9, ( fig. 3, même planche ) un zéro, et l'on aura 10°. pour la première bande : 20°. pour la deuxième : 30°. pour la 3ᵉ., et ainsi de suite jusqu'à 90.

Il en est de même des latitudes, à compter de l'équateur jusqu'aux pôles. Le chiffre 1 indiquera 10°. — Le chiffre 2, 20°. — Le chiffre 3, 30°., et de même jusqu'à 90°.

Les figures 2 et 3 représentent une paroi ainsi divisée : la figure 6 présente 2 parois, la paroi supérieure et la paroi inférieure ; la 1ʳᵉ. bande à gauche, indique le méridien de l'île de Fer, la 3ᵉ. le méridien de Paris.

### Chambre supérieure.

Le mur de la *cheminée* ou mur n°. 1, ( figure 1ʳᵉ. planche n°. aa. ), divisé par 9 bandes verticales, comprend dans ses montans de 1 à 9 qui s'étendent du mur 4 au mur 2, 90°. de longitude orientale, et embrasse l'Afrique jusqu'à l'équateur, toute l'Europe et partie de l'Asie y compris la Perse au sud, et Spitzberg au nord.

Le mur de la *croisée* ou mur n°. 2, est divisé comme le mur n°. 1, ses montans sont chiffrés de 10 à 18, il contient de 90°. à 180°. de longitude, et renferme le reste de l'Asie et ses îles ; la Chine, la Tartarie et les Indes.

Le mur de la *commode* ou mur n°. 3, est comme tous les autres, divisé ainsi que les murs n°s. 1 et 2 ; ses montans sont chiffrés de 19 à 27, et comprennent de 180° à 270°. de longitude. Cette paroi ne contient presque que la mer du sud et la pointe de l'Amérique septentrionale, qui confine à l'Asie.

Le mur de la *porte* ou mur n°. 4, est chiffré de 28 à 56, et contient de 270°. à 360°. de longitude. Cette paroi renferme l'Amérique septentrionale, une partie de l'Amérique méridionale, et la mer du nord.

### Chambre inférieure.

Le mur de la *cheminée*, ( paroi n°. 5 ) chiffré de 1 à 9, contient le reste de l'Afrique, les îles qui en dépendent, et une grande partie de la mer des indes.

Le mur de la *croisée* ( paroi n°. 6 ) chiffré de 10 à

18., contient encore plus de mer, avec la Nouvelle-Hollande, et quelques îles.

Le mur de la *commode* ( paroi n°. 7 ), est chiffré de 19 à 27 : cette paroi ne contient que la mer pacifique, semée de petites îles.

Le mur de la *porte* ( paroi n°. 8 ), chiffré de 28 à 36, comprend l'Amérique méridionale.

On remarquera qu'en rendant au chiffre de chaque montant, le zéro qu'on lui a enlevé, on retrouve les degrés qu'il indique : ainsi les montans 9, 18, 27, 36, rappellent les degrés 90, 180, 270, 360, et de même pour tous.

Il suffit déjà de légères notions de géographie pour savoir à l'instant dans laquelle des 8 parois, ou dans quelle zône de 90°. boréale ou méridionale, est une région indiquée.

Toutes les parois étant divisées comme celle figure 3, planche n°. aa, chacune des cases ou carrés formés par la réunion des bandes verticales et horisontales, c'est-à-dire par la jonction des méridiens et des parallèles, recevra son nom ou chiffre, de leurs chiffres réduits à leurs dixièmes, et réunis ensemble ; ainsi le carré qui contient de 0°. à 10°. longitude, et de 0°. à 10°. latitude, sera le carré n°. 11, en ne comptant que le chiffre de la dixaine ou dixième : le carré placé au-dessus du carré 11, conserve la même longitude, mais sa latitude s'étend de 10°. à 20° ; il sera le carré n°. 12, et ainsi des autres.

Pour obtenir le même résultat dans les parois 2, 3 et 4, où la longitude réduite à son dixième s'exprime par deux chiffres, il était nécessaire de les combiner pour les réduire à un seul , et voici ce qu'on a imaginé :

Supposons, placées les unes sous les autres, les quatre bandes chiffrées de 1 à 9, — 10 à 18, — 19 à 27, — 28 à 36, qui fixent l'ordre des montans pour les parois de chaque chambre (fig. 5, pl. aa.)

On remarquera que la somme des deux chiffres de chaque carré des 2°. 3° et 4°. lignes, additionnés ensemble sans égard pour la dixaine, égale ou reproduit le chiffre unique placé en tête du montant où se trouve ce carré.

Ainsi, la cinquième échelle de la première paroi, est numérotée du chiffre unique 5. Et les cinquièmes échelles des parois 2, 3 et 4, sont numérotées 14, — 23, — 32. — Pour les ramener à la valeur du chiffre placé en tête, il faut joindre ces derniers chiffres ensemble et dire : 1 plus 4 , égale 5. — 2 plus 3, égale 5. — 3 plus 2, égale 5.

De même la seconde échelle de la première paroi
est numérotée du chiffre unique 2. Et les secondes
échelles des autres parois sont numérotées 11. —
20. — 29. — Il faut compter : 1, plus 1 égale 2. —
2 plus zéro, égale 2. — 2 plus 9, égale 11, et dans
11, 1 plus 1, égale 2.

On voit déjà que le simple énoncé du chiffre de
tel ou tel montant, indique la paroi et le rang de
l'échelle de cette paroi où se trouve le pays demandé.

Prenons pour exemple les montans 8, 16, 23, 32.

8. En restituant le zéro, c'est-à-dire en lui rendant
ses 9 dixièmes, rappelle 80°., c'est donc première
paroi, puisqu'elle contient de 0°. à 90°. — 8, chiffre
simple, indique en outre la 8°. échelle.

16 ou 160. C'est la seconde paroi, car elle contient
de 90°. à 180°. — Dans 16, 1 plus 6, égale 7, c'est
la septième échelle.

23 ou 230. C'est la troisième paroi qui contient
de 180°. à 270°. — Dans 23. 2, plus 3, égale 5,
5°. échelle.

Enfin, 32 ou 320. Rappelle la quatrième paroi,
contenant de 270°. à 360°. — Dans 32, 3, plus 2
égale 5, c'est encore la cinquième échelle.

On peut observer aussi par le tableau même *(*fig. 5,
planche aa. ) qu'en général, pour les 2<sup>e</sup>., 3°. et 4<sup>e</sup>.
parois le numéro de la paroi, est le premier des deux
chiffres plus 1, à moins que la somme des deux
chiffres, n'excède 9, ce qui n'arrive que pour les trois
carrés 19, 28 et 29, dans ces cas, le n°. de la paroi
est le premier des deux chiffres plus, 2.

Il faut aussi remarquer que dans la division par 9
des parois, les chiffres des unités vont en diminuant
d'une unité par chaque paroi depuis la première,
lorsqu'au contraire les chiffres des dixaines augmentent
dans la même proportion ; ces deux chiffres ajoutés
ensemble, présentent toujours pour total le chiffre
radical de la colonne.

On sait par le chiffre simple d'un montant de la première paroi, quel est le montant qui lui correspond
dans une paroi donnée ; ainsi, si l'on demande quels
montans dans les parois 2 et 4 correspondent à
l'échelle 7 de la première ? on dira, 7, chiffre simple
de la première paroi, est la somme des dixaines et des
unités des échelles semblables des autres parois, les
unités doivent marquer 1 de moins qu'à la première
paroi, reste donc pour la seconde, 6 : mais si les
dixaines doivent, par leur addition aux unités restantes,
marquer la somme première 7, elles seront marquées
ici par le chiffre 1, et l'on dira, une dixaine et 6 unités,
sont 16, donc la septième échelle de la deuxième

paroi est numérotée 16. — Pour la quatrième paroi, les unités doivent marquer 3 de moins, puisqu'il y a 3 parois depuis la première, reste donc 4, les dixaines pour completter 7, sont 3, donc le montant est 34. L'opération peut encore se faire en prenant pour dixaine le chiffre de la paroi moins un, ainsi :

Pour la 2ᵉ. paroi, 2 moins 1, c'est 1; pour égaler 7, il faut 6, donc c'est le montant 16.—Pour la 4ᵉ. paroi, 4 moins 1, c'est 3; pour égaler 7, il faut 4, donc c'est le montant 34 : on voit en effet que les échelles 7 des 2ᵉ. et 4ᵉ. parois, sont numérotées 16 et 34.

Toutes les fois que le degré de longitude qu'on veut fixer, réduit à son 10ᵉ., ne présente aucun reste, il suffit de réduire les chiffres qui l'expriment à leur plus simple valeur : par exemple, si l'on a 270, dont le 10ᵉ. est 27, on additionnera ces deux chiffres, en disant, 2 plus 7, égale 9. Mais si après ce 10ᵉ. il se trouvait une fraction, on augmenterait ce dixième d'une unité; par exemple, si l'on avait 271, dont le 10ᵉ. serait 27, plus le 10ᵉ. de 1, il faudrait dire comme pour 272, 273, etc., jusqu'à 279, 27 et plus, c'est 28, et additionner 2, plus 8, égale 10.—Dans 10; 1, plus zéro, c'est 1. Alors, dans les deux exemples, les chiffres 9 et 1 deviendront les premiers chiffres de leur carré respectif.

Si à 270°. de longitude on a ajouté 24°. latitude, on dira pour celle-ci, 2 et plus égale 3, le carré sera chiffré 93 ; savoir, 9 exprimant la longitude 270°. et

5, la latitude 50°., qui est pour nous 20 et plus, puisque 3 indique de 20 à 30°.

Dans le second exemple, si à 271°. de longitude, on a ajouté 75°. latitude, il faut dire pour cette dernière, 7 et plus, c'est 8°, le carré sera 18 ; savoir 1, exprimant 10, ou 2 plus 8, 28, c'est-à-dire 280°. longitude ; et 8, la latitude de 70°. à 80°.

Troisième exemple. Florence en Italie est à environ 30°. de longitude, et 44°. de latitude ; divisés par 10, 30, c'est 3 ; et 4 et plus, c'est 5 ; donc Florence est dans le carré 35. — Le 1ᵉʳ. chiffre 3, est le 3ᵉ. montant, il indique la longitude de 30°. à 40°. ; le 2ᵉ. chiffre 5 est le 5ᵉ. échelon ; il indique la latitude de 40°. à 50°.

On voit que toutes les fois qu'il se joint aux dixaines une ou plusieurs unités appartenant à une nouvelle dixaine, celle-ci est regardée comme complette, et doit compter, c'est-à-dire être ajoutée aux autres dixaines complettes : ainsi, 81 sera 90. — 115 sera 120. — 264 sera 270, etc. Ces dégrés seront réduits à leurs dixièmes 9, 12, 27, etc.

Nous indiquerons, plus bas, la manière de fixer l'unité des degrés.

Le Mnémoniste aura de nombreux moyens pour reconnaître la paroi à laquelle appartient le pays ou la région qu'il aura fixée, soit en numérotant d'idée chacune des 8 parois, soit en employant un mot particulier pour chacune d'elles, soit enfin en se servant pour chaque paroi d'une série particulière.

On pourrait encore attacher à l'image de chaque carré, un mot dont la première consonne indiquerait la paroi à laquelle ce carré appartient : ainsi, le rang des parois·serait indiqué par les lettres représentatives des chiffres d'après ce que nous avons dit plus haut ( page 55. )

Les parois . . . . . . 1. 2. 3. 4. 5. 6. 7. 8.
seraient indiquées par.. T. N. M. R. L. D. C. V.

Et ces lettres seraient placées au commencement d'un mot ou d'une épithète donnée à l'image d'un carré.

Le premier travail géographique doit donc être de retenir ces nombres de deux chiffres placés dans les carrés de chaque paroi ; pour cela il faut les rattacher aux cases primitives, depuis 11. jusqu'à 99., et établir un rapport plus ou moins étendu entre les chiffres d'un carré, c'est-à-dire l'image de ces chiffres et les pays placés dans ce carré.

Ainsi l'Angleterre, par exemple, est située à 20°. de longitude et 60°. de latitude, ce qui mène au carré 26, où est le *coq*; déjà le *coq* rappelle l'*Angleterre*, où l'on aime le combat du coq. On voit que l'image *coq*, rend la chose fixée, *Angleterre*.

Maintenant

Maintenant fixons la paroi à laquelle appartient le carré 26.

L'Angleterre occupe la paroi n°. 1, ou T, on dira le Terrible coq.

Si elle se fût trouvée dans la deuxième, on eût dit le Noir coq.

Dans la troisième, le Méchant coq, etc.

Alors les lettres initiales des mots, Terrible, Noir, Méchant, indiquent les parois 1. 2. 3.

S'il s'agit de fixer les pays qui se trouvent dans un carré, c'est-à-dire dans un espace de deux cent cinquante lieues du nord au midi, et autant de l'orient à l'occident, on peut alors recourir à des phrases dont les mots par leurs consonnances ou leurs rapprochemens, rappellent les pays ou villes dont ils tiennent la place, ( voyez ce que nous avons dit pages 65, 95, 107 et 108. ) Pour construire ces phrases plus facilement, on n'emploiera que des substantifs, des adjectifs, des verbes non auxiliaires, et des adverbes terminés en ment : ces mots seront les seuls qui serviront à rappeler les pays ou villes, tous les autres dont on aura fait usage dans la phrase n'y seront considérés que comme parasites ou appelés momentanément, pour faciliter le sens des premiers ; il en sera de même des verbes auxiliaires et des verbes suivis

M

d'un infinitif, auquel cas ce dernier seul tiendra la place d'un pays ou d'une ville.

Pour forcer les noms de pays ou de ville à entrer dans les phrases, on doit les attaquer par le commencement ou par la fin, et chercher une similitude dans la consonnance.

Supposons la phrase suivante placée à la case 25 ou *lion*; les pays situés dans ce premier carré, sont le *Portugal*, l'*Espagne*, la *France*; les principales villes *Madrid*, *Barcelonne*, *Baïonne*, *Bordeaux*, *Angers*, *Nantes* et *Amiens*.

« Quel est ce lion *terrible* qui se *porte* dans l'*espace*,
» que les plus *mâdrés* ne *harceleraient* pas en vain,
» qui *franchirait* les *bayonnettes*, dont l'*abord* si
» *dangereux épouvante l'ame* » !

Déjà le mot *lion* rappelle la case ou carré 25; si, comme nous l'avons dit, ( *page* 168 ), on restitue un zéro à chacun des deux chiffres 2 et 5, on aura 20 et 50, ce qui indique qu'il s'agit des pays compris entre 10 et 20°. de longitude pour le chiffre 2; et 40 et 50°. de latitude pour le chiffre 5.

Dans *Terrible* la première consonne *T*, désigne la première paroi, et dans les mots *porte, espacé, franchirait*, on retrouve *Portugal, Espagne* et *France;*

les noms des villes de *Madrid, Barcelonne, Baïonne Bordeaux, Angers, Nantes, Amiens,* y ont été déguisés et rendus par les mots *madrés, harceleraient, bayonnettes, abord, dangereux, épouvante, ame.*

En suivant ce procédé d'attacher une phrase à chacun des carrés, il eût fallu pour chaque paroi 99 phrases, ce qui eût fait pour les huit parois 792 phrases, nombre très-considérable et difficile à retenir. Pour remédier à cet inconvénient on a imaginé de comprendre dans une seule période les carrés semblables des huit parois; ainsi l'on parcourra successivement les parois en allant, par exemple, du carré 27 première paroi au carré 27 deuxième paroi; de celui-ci au carré 27 de la troisième paroi, et ainsi successivement aux carrés 27 des quatrième, cinquième, sixième, septième et huitième parois.

De cette manière, on enchaîne dans une histoire suivie, formée d'une seule période, tous les pays qui se trouvent situés dans les huit parois à une même latitude. Le sujet de la période doit être relatif à la figure ou image du chiffre des carrés, et la phrase doit commencer par l'énonciation de cette figure : le premier mot utile (1) qui suit, indiquera, *par sa première*

(1) Nous appellons *mot utile*, les substantifs, les adjectifs, les verbes non auxiliaires et les adverbes terminés en *ment*, qui seuls servent à exprimer les noms des pays ou villes, tous les autres mots ne doivent qu'aider à la formation de la phrase ou période.

consonne, la paroi où se trouve le carré qu'on va examiner, et par sa seconde consonne, la partie du monde dans laquelle sont situés les pays qui vont être énoncés par les mots d'imitation ; on ne doit jamais suspendre le sens de la phrase de façon à être forcé de mettre le point, le point et virgule, ou les deux points, si ce n'est en passant d'une paroi à une autre, afin que dans ce cas on puisse reprendre un nouveau membre de phrase dont le premier mot rappellera par ses deux premières consonnes, la nouvelle paroi dont il va être question, et la partie du monde de laquelle dépendent les pays situés dans le nouveau carré que l'on va par-courir. Nous avons dit (*pages* 175 et 176 ), que les parois 1, 2, 3, etc., seront désignées dans leur ordre alphabétique par les consonnes T. N. M. R.

Savoir : T. ou 1. indiquera l'Afrique.

N. ou 2. . . . l'Amérique.

M. ou 3. . . . l'Asie (1).

R. ou 4. . . . l'Europe.

Toutes les autres consonnes . . . ou O. indique-ront les îles, ou nouvelles parties du monde qui ne

_____

(1) La seconde paroi ne contenant que l'Asie, on pourra se dispenser d'employer la lettre M lorsqu'il s'agira des pays situés dans les carrés qui y sont contenus.

dépendent pas précisément d'une des quatre parties
ci-dessus.

Ainsi, après avoir rappelé les pays et villes principales du carré 25 de la première paroi, si l'on veut
parcourir successivement les carrés semblables des
autres parois qui contiennent;

S A V O I R :

| N°. des Parois. | Indication de la partie du Monde. | N o m s des Peuples, Pays, Régions, Villes, Rivières, qui sont dans ces Carrés. |
|---|---|---|
| 2°. | * » | Petite Buckarie. — Songars. — Calmoucks. |
| 3°. | » | (Mer.) |
| 4ᵉ. | 2. | (Canada , lac supérieur.) |
| 5ᵉ. | » | (Mer.) |
| 6.° | » | (Mer.) |
| 7.° | o. | (Nouvelle Zélande.) |
| 8.ᵃ | » | (Mer.) |

* Asie, partie non indiquée, puisque la deuxième paroi ne
contient que cette partie du Monde.

On peut continuer la phrase de cette manière :

» Où *entraîne*-t-il le *petit bouc* qui ne *songe* plus à
» le *calmer; renvoyons-le* par une *canonnade lâchée*
» *supérieurement ;* peut-être serons-nous à *couvert*
» de ses *nouveaux élans.* »

On voit que dans *entraîner,* la consonne N. indique
la deuxième paroi ; dans *renvoyons,* les lettres R. N. ,
rappellent la quatrième paroi et l'Amérique ; dans
*couvert,* la lettre C indique la septième paroi, et la
lettre V, que le pays dont on va parler ne fait pas
précisément partie d'une des quatre principales divisions.

Dans les mots *petit bouc, songe, calmer, canonnade, lâchée supérieurement, nouveaux élans,* on
peut retrouver ceux de *petite buckarie, Songars,
Calmoucks ; Canada, lac supérieur, Nouvelle
Zélande.*

Avant de se livrer à la formation de ces phrases,
qui d'abord présentent des difficultés, et pour n'avoir
plus à les changer lorsqu'elles seront achevées, il est
indispensable de se faire une carte exacte, et dans
laquelle on tâchera d'éviter les fautes ou erreurs nombreuses qu'on a remarquées dans toutes celles qui ont
paru jusqu'à ce jour.

Ce travail long et pénible, vient d'être achevé; il

offre plus d'exactitude que tout ce qui a été fait et dit
à ce sujet :

Il consiste en une suite de cadres, de 11 à 99, où
sont exactement rapportés les pays qui occupent des
carrés semblables dans les huit parois. Ces cadres four-
niront les matériaux des périodes qui doivent être
fixées aux cases mnémoniques, et avoir pour sujet la
figure ou image de ces cases. Nous pensons que cet
ouvrage perfectionné, sera publié dès que l'auteur
aura, comme nous, recouvré l'usage de la parole.

### Des Pays, ou petites divisions.

Pour appliquer la Mnémonique à l'étude particulière et plus approfondie d'un pays, de la France, par
exemple, qui contient environ 10 à 11°. dans les deux
sens, c'est-à-dire de 250 à 275 lieues du midi
au nord, et autant de l'orient à l'occident, on
doit suivre les principes que nous avons établis pour
la géographie générale, en les modifiant suivant les
circonstances.

Le parquet de ma chambre sera, par exemple, le tableau
de la France ; les parties du parquet qui s'étendent vers
la *cheminée, la croisée, la commode* et *la porte*, sous
les quatre points cardinaux. Je trace de la *croisée* à la
*porte* neuf lignes, qui représentent des *méridiens ;* je
trace huit autres lignes de la *cheminée* à la *commode*,

ce sont les cercles parallèles. Le parquet étant ainsi
divisé, ( voyez planche n°. aa, fig. 4 ), je fixe l'ordre
de toutes ces lignes, en plaçant sur chacune le signe
ou chiffre du degré qu'elle représente.

Je suppose que le premier méridien passe par P ou
Paris, ce sera de cette ligne numérotée o, que je
compterai la longitude ; je chiffre donc les lignes qui
s'étendent de droite à gauche des signes 1. 2. 3. 4.
5., qui m'indiquent autant de degrés de longitude
occidentale ; je fais la même opération pour les lignes
de gauche à droite, qui établissent la longitude orientale.

La France s'étend du 43ᵉ. au 52ᵉ. degré de latitude,
les parallèles qui s'étendent dans l'espace compris
entre la *porte* et la *croisée*, et vont de l'orient à l'occident, sont chiffrés 43, 44, 45, 46, 47, 48, 49, 50,
51, 52, et rappellent la latitude, c'est-à-dire la distance de l'équateur.

Paris ou P, est à peu près à 49°. de latitude, et se
place sur le méridien o, au 7°. échelon.

Maintenant, je puis placer dans les carrés qui leur
sont destinés, les principales villes, et voyager pour
ainsi dire, de l'une à l'autre.

Pour fixer la longitude et la latitude, on réunira,

comme nous l'avons dit, les chiffres de longitude et
de latitude, mais sans qu'il soit besoin pour celle-ci
exprimée par deux chiffres, de les réduire à leur plus
simple valeur, il suffira de prendre le dernier chiffre
indiquant l'unité, et pour peu qu'on ait jetté les yeux
sur la carte, on ne craindra pas de confondre les deux
longitudes.

Supposons une ville de France placée à 2°. de longitude occidentale de Paris, et à 46°. de latitude;
d'après ce que nous avons dit, elle sera dans la case
*coq Saint-Pierre*, 26, dont le premier chiffre rappellera la longitude 2, et la latitude 46, car je n'ai pas
eu besoin de fixer le 4 de 46; en effet, si la latitude ne
varie pas de plus de 10°., et que le second chiffre varie
à chaque degré, dès que je connais le second, le premier m'est aussitôt connu.

Dans le tableau figure 4, si le chiffre de la latitude est 2, ce sera 52; si c'est 3, ce sera
43, etc.

Dans l'exemple donné, la ville placée au carré 26,
est Lyon, il ne reste plus qu'à la fixer à l'image du *coq*:
qu'on dise, par exemple, «*le coq est fier comme un
lion*, ou *le coq est habillé d'étoffe de soie de Lyon*»,
ou toute autre chose semblable; c'en est assez pour ne
plus séparer l'idée de la ville de Lyon de celle du
*coq*, qui rappelle le carré 26.

Nous avons dit ( *page* 174 ), qu'on pouvait fixer l'unité des degrés; on y parviendra en convertissant les chiffres qui les expriment en lettres dont on formera des mots ou des syllabes , qui s'appliqueront au nom de la ville ou du pays dont on veut déterminer précisément la position.

---

DE LA FRANCE PARTAGÉE EN DIVISIONS MILITAIRES.

Tous les fonctionnaires publics , les généraux , les préfets , les employés des ministères et des administrations ont besoin de connaître les divisions militaires dont la réunion forme le territoire de l'Empire français.

Il leur importe à chaque instant de savoir que telle ville est dans tel département, et que ce département est dans telle division militaire. La Mnémonique, sans de grandes difficultés, les mettra à même de ne plus recourir aux almanachs ni aux dictionnaires; elle indiquera en même-temps si telle ville ou tel département donné, se trouve au centre, au nord, ou au midi de l'Empire, si c'est à l'orient ou à l'occident, etc.

Nous allons offrir le tableau des divisions militaires , et nous en ferons l'application.

*( Suivent les Tableaux. )*

*Soit ainsi présenté le Tableau des vingt-huit Divisions militaires.*

| NUMÉROS des Divisions, et résidence des Commandans. | DÉPARTEMENS dont elles sont composées. | RÉSIDENCE des Préfets ou Chefs-lieux. |
|---|---|---|
| I<sup>re</sup>. PARIS.... | 1. Oise. | Beauvais. |
| | 2. Aisne. | Laon. |
| | 3. Seine. | Paris. |
| | 4. Seine-et-Oise. | Versailles. |
| | 5. Seine-et-Marne. | Melun. |
| | 6. Eure-et-Loir. | Chartres. |
| | 7. Loiret. | Orléans. |
| II<sup>e</sup>. MÉZIÈRES... | 1. Ardennes. | Mézières. |
| | 2. Marne. | Châlons. |
| | 3. Meuse. | Bar-sur-Ornain. |
| III<sup>e</sup>. METZ... | 1. Forêts. | Luxembourg. |
| | 2. Moselle. | Metz. |

| NUMÉROS des Divisions, et résidence des Commandans. | DÉPARTEMENS dont elles sont composées. | RÉSIDENCE des Préfets, ou Chefs-lieux. |
|---|---|---|
| IV°. NANCI... | 1. Meurthe. | Nanci. |
| | 2. Vosges. | Épinal. |
| V°. STRASB. | 1. Bas-Rhin. | Strasbourg. |
| | 2. Haut-Rhin. | Colmar. |
| VI°. BESANÇON. | 1. Haute-Saône. | Vesoul. |
| | 2. Doubs. | Besançon. |
| | 3. Jura. | Lons-le-saulnier. |
| | 4. Ain. | Bourg. |
| VII°. GRENOBLE | 1. Léman. | Genève. |
| | 2. Mont-Blanc. | Chambéri. |
| | 3. Isère. | Grenoble. |
| | 4. Drôme. | Valence. |
| | 5. Hautes-Alpes. | Gap. |

| NUMÉROS des Divisions, et résidence des Commandans. | DÉPARTEMENS dont elles sont composées. | RÉSIDENCE des Préfets, ou Chefs-lieux. |
|---|---|---|
| **VIII<sup>e</sup>.** MARSEILLE. | 1. Vaucluse. | Avignon. |
| | 2. Basses-Alpes. | Digne. |
| | 5. Alpes-Maritimes. | Nice. |
| | 4. Bouches-du-Rhône. | Marseille. |
| | 5. Var. | Draguignan. |
| **IX<sup>e</sup>.** MONTPELLIER. | 1. Ardèche. | Privas. |
| | 2. Aveyron. | Rhodez. |
| | 3. Lozère. | Mende. |
| | 4. Tarn. | Castres. |
| | 5. Gard. | Nismes. |
| | 6. Hérault. | Montpellier. |
| **X<sup>e</sup>.** TOULOUSE... | 1. Gers. | Auch. |
| | 2. Haute-Garonne. | Toulouse. |
| | 5. Hautes-Pyrénées | Tarbes. |
| | 4. Arriège. | Tarascon. |
| | 5. Aude. | Carcassonne. |
| | 6. Pyrénées-Orientales. | Perpignan. |

| NUMÉROS des Divisions, et résidence des Commandans. | DÉPARTEMENS dont elles sont composées. | RÉSIDENCE des Préfets, ou Chefs-lieux. |
|---|---|---|
| XI.° BORDEAUX... | 1. Gironde. | Bordeaux. |
| | 2. Landes. | Mont-de-Marsan. |
| | 3. Basses-Pyrénées. | Pau. |
| XII.° NANTES .... | 1. Loire-Inférieure | Nantes. |
| | 2. Vendée. | Napoléon. |
| | 3. Deux-Sèvres. | Niort. |
| | 4. Vienne. | Poitiers. |
| | 5. Charente-Inférieure. | Saintes. |
| XIII.° RENNES. ... | 1. Finistère. | Quimper. |
| | 2. Côtes-du-Nord. | Saint-Brieux. |
| | 3. Morbihan. | Vannes. |
| | 4. Ille-et-Vilaine. | Rennes. |
| XIV.° CAEN .... | 1. Manche. | Saint-Lô. |
| | 2. Calvados. | Caen. |
| | 3. Orne. | Alençon. |

| NUMÉROS des Divisions, et résidence des Commandans. | DÉPARTEMENS dont elles sont composées. | RÉSIDENCE des Préfets, ou Chefs-lieux. |
|---|---|---|
| **XV°.** ROUEN . . . | 1. Seine-Inférieure. <br> 2. Somme. <br> 3. Eure. | Rouen. <br> Amiens. <br> Evreux. |
| **XVI°.** LILLE . . . . | 1. Pas–de-Calais. <br> 2. Lys. <br> 3. Nord. | Arras. <br> Bruges. <br> Lille. |
| **XVII°.** | Cette division n'existe plus, elle a été répartie dans les divisions voisines, mais on n'a point changé l'ordre des autres, qui ont conservé leur numéro de rang. | |
| **XVIII°.** DIJON . . . . | 1. Aube. <br> 2. Yonne. <br> 3. Haute-Marne. <br> 4. Côte-d'Or. <br> 5. Saône-et-Loire. | Troyes. <br> Auxerre. <br> Chaumont. <br> Dijon. <br> Macon. |

| NUMÉROS des Divisions, et résidence des Commandans | DÉPARTEMENS dont elles sont composées. | RÉSIDENCE des Préfets, ou Chefs-lieux. |
|---|---|---|
| **XIX<sup>e</sup>.** LYON .... | 1. Puy-de-Dôme. | Clermont. |
| | 2. Rhône. | Lyon. |
| | 3. Loire. | Montbrisson. |
| | 4. Cantal. | Aurillac. |
| | 5. Haute-Loire. | Le Puy. |
| **XX<sup>e</sup>.** PÉRIGUEUX.. | 1. Corrèze. | Tulle. |
| | 2. Charente. | Angoulême. |
| | 3. Dordogne. | Périgueux. |
| | 4. Lot. | Cahors. |
| | 5. Lot-et-Garonne. | Agen. |
| **XXI<sup>e</sup>.** BOURGES ... | 1. Cher. | Bourges. |
| | 2. Nièvre. | Nevers. |
| | 3. Indre. | Châteauroux. |
| | 4. Haute-Vienne. | Limoges. |
| | 5. Creuse. | Guéret. |
| | 6. Allier. | Moulins. |

**XXII<sup>e</sup>.**

| NUMÉROS des Divisions, et résidence des Commandans. | DÉPARTEMENS dont elles sont composées. | RÉSIDENCE des Préfets, ou Chefs-lieux. |
|---|---|---|
| **XXII<sup>e</sup>.**<br><br>Tours. . . . | 1. Mayenne.<br>2. Sarthe.<br>3. Loir-et-Cher.<br>4. Maine-et-Loire.<br>5. Indre-et-Loire. | Laval.<br>Le Mans.<br>Blois.<br>Angers.<br>Tours. |
| **XXIII.<sup>e</sup>**<br>Bastia. . . . . | 1. Golo.<br>2. Liamone.<br>3. Isle d'Elbe et Capraïa. | Bastia.<br>Ajaccio.<br>Porto-Ferrajo. |
| **XXIV<sup>e</sup>.**<br><br>Bruxelles. . | 1. Deux-Nèthes.<br>2. Escaut.<br>3. Dyle.<br>4. Jemmapes. | Anvers.<br>Gand.<br>Bruxelles.<br>Mons. |
| **XXV.<sup>e</sup>**<br><br>Liége . . . . . | 1. Meuse-Infér<sup>re</sup>.<br>2. Roër.<br>3. Ourthe.<br>4. Sambre-et-Meuse. | Maëstricht.<br>Aix-la-Chapelle.<br>Liége.<br>Namur. |

N

| NUMÉROS des Divisions, et résidence des Commandans. | DÉPARTEMENS dont elles sont composées. | RÉSIDENCE des Préfets, ou Chefs-lieux. |
|---|---|---|
| **XXVI.** COBLENTZ... | 1. Rhin-et-Moselle. \| 2. Sarre. \| 3. Mont-Tonnerre. | Coblentz. \| Trèves. \| Mayence. |
| **XXVII.** TURIN..... | 1. Stura. \| 2. Sesia. \| 3. Pô. \| 4. Doire. | Coni. \| Verceil. \| Turin. \| Yvrée. |
| **XXVIII.** GÈNES..... | 1. Gènes. \| 2. Montenotte. \| 3. Apennins. \| 4. Marengo. \| 5. Parme et Plaisance. | Gènes. \| Savone. \| Chiavari. \| Alexandrie. \| Parme. |

Les divisions militaires devront , dans leur ordre progressif, se rattacher successivement aux cases primitives de la chambre mnémonique ; ainsi, l'*observatoire* sera destiné à la première division ; le *cygne*, à la deuxième; le *rempart*, à la 3<sup>e</sup>., etc.

On renfermera dans une phrase ou dans un ou plu-

sieurs vers , les noms des départemens et de leurs chefs-
lieux ; et à cet effet, on choisira des consonnances ou
autres signes qu'il sera facile d'imaginer , d'après les
principes établis pour la chronologie et la statistique.

On peut encore , comme nous l'avons dit, fixer la
position des divisions militaires , en indiquant si la
place qu'elles occupent, est au nord, au centre, ou au
midi , si c'est à l'orient ou à l'occident.

Supposons que la figure 4, planche n°. B, représente la France : l'extrémité a, est le point le plus au
nord ; l'extrémité B, le point le plus au midi ; la partie
C, est à l'orient, et l'extrémité D, est le point le plus à
l'occident.

Soit tirée une ligne de E au nord à F au midi vers
les 20° 30 min. longitude : le côté G sera la partie
orientale, et celui H, la partie occidentale.

Soient tirées deux autres lignes parallèles à l'équateur : la première de J à K vers 46°. longitude ; la seconde de L à M, vers 49°. longitude.

Il résulte de la jonction de ces trois lignes, l'une
verticale et les autres horisontales, les régions 1 , 2, 3,
4, 5, 6.

On voit que les régions 2, 4, 6, sont à l'orient, et
celles 1 , 3, 5 , à l'occident.

1 et 2 sont au nord.

3 et 4 occupent le centre.

5 et 6 sont au midi.

Maintenant si les chiffres 1, 2, 3, 4, 5, 6, sont convertis en consonnes (*p.* 55 ), on aura les lettres, T. N. M. R. L. D, avec lesquelles on commencera soit le premier mot de la phrase qu'on doit former, soit une épithète à donner à l'image du chiffre de la division qu'on aura mnémonisée, soit enfin le nom d'une partie de cette image qu'on supposerait suffisante pour recevoir la portion du territoire qu'on veut lui confier.

1er. Exemple (*par le premier mot de la phrase à former*).

Supposons la quinzième division militaire, fixée au *cep de vigne*, et que cette case nous donne la phrase suivante : « le *Téméraire* avec un *cep de vigne* » assomme ses *amis*; il assenne à ses *inférieurs* d'une » *roue* dont bientôt ils *pleurent* comme des *lé-* » *preux*. »

Le premier mot est téméraire ; sa première consonne T. ou 1. rappelle que la quinzième division militaire est dans la région n°. 1, c'est-à-dire au nord et à l'occident ; on retrouve dans les consonnances ou rapprochemens des mots assomme, assenne et *infé-* *rieurs*, *pleurent*, les départemens de la *Somme*, de la *Seine-inférieure* et de l'*Eure*; et de même dans *amis*, *roue*, *lépreux*, les chefs-lieux *Amiens*, *Rouen*, et *Évreux*. Ainsi, cette seule phrase, quoique ridicule en elle-même, rappelle les départemens et les chefs-lieux de la quinzième division militaire, et indique sa

situation dans l'empire; il suffira du nom d'un départe-
tement ou d'une des villes qu'elle comprend, pour retrouver les autres départemens et villes dont elle est
formée.

2ᵐᵉ. Exemple ( *par l'épithète à donner à l'image
du chiffre de la division* ).

La case du *cerf* contient la huitième division militaire qui se trouve dans la sixième région, 6, c'est D;
alors on donnera au *cerf* une épithète dont la première
consonne sera D : on dira, par exemple, le *cerf docile*,
ou *doux*, *dormeur*, *édenté*, *odorant*, etc. , et l'on
continuera la phrase comme on a vu dans l'exemple
précédent.

On a fixé, par exemple, la première division militaire sur l'*observatoire*. Cette division est au centre
et à l'occident, c'est-à-dire dans la région 3; or 3,
c'est M; le rapport qu'on doit faire sera fixé dans
le *Milieu* de l'observatoire , ou dans la *Mansarde*
de l'observatoire, ou sur la *Muraille* de l'observatoire;
et ces mots *Milieu*, *Mansarde*, *Muraille*, indiquent
par l'initiale M, que la première division se trouve dans
la troisième région, c'est-à-dire au centre et dans la
partie occidentale de l'Empire.

Ce travail sur les départemens de l'Empire, peut
être joint à celui que nous avons indiqué pour leur

---


statistique ( *page* 67 *et suivantes* ) , et le tout ; d'abord rédigé en tableau, s'appliquera ensuite aux cases primitives par les différens moyens et procédés que nous avons offerts successivement.

*Fin du septième Chapitre.*

~~~~~~~~~~~~~~~~~~~~~~~~~~~~~~~~~~~~~~~~~

# CHAPITRE VIII.

*Application de la Mnémonique aux Mathématiques.*

~~~~~~~~~~~~

L'ÉTUDE des sciences mathématiques paraît moins subordonnée que les autres à l'empire de la mémoire : l'esprit de ces sciences est fondé sur une série de propositions qui s'enchaînent toutes, et dont la dernière est toujours une conséquence de celles qui précèdent. De cette dépendance il résulte que l'esprit peut moins s'égarer, puisqu'il est toujours conduit d'un point à un autre qui est à côté; mais que, pour peu qu'il s'écarte de la route, il lui devient impossible d'aller plus avant.

Dans la connaissance de l'histoire, l'omission de quelques faits n'entraînera pas l'oubli des faits antérieurs ni de ceux qui suivent ; on peut connaître quelques traits épars et négliger les autres; dans les sciences naturelles, on laissera quelque lacune dans une nomenclature, et le reste ne souffrira pas de ce vuide, parce que dans le systême qui unit toutes les espèces, quelque parfait qu'on le suppose, l'enchaîne-

ment est toujours un peu arbitraire; dans les mathématiques au contraire, une chose ne peut se démontrer
avant une autre; les auteurs varieront dans les démonstrations, mais il faut qu'ils suivent la même route.

Quel sera donc le rôle de la Mnémonique dans
les sciences dont il est question?

Rappellons-nous que la Mnémonique n'est pas une
méthode faite seulement pour apprendre des mots,
des phrases, ou pour les retenir facilement à l'aide
d'images et de rapports, mais que c'est encore un
système d'ordre, un cadre à différens compartimens,
dans lesquels on peut déposer des mots, des faits, et
des idées.

Cet ordre naturel, puisqu'il est fondé sur la suite
des nombres, si facile à retenir et à décomposer, deviendra d'un heureux secours pour placer une suite
d'idées qui se tiennent aussi essentiellement et qui se
touchent d'aussi près que le nombre 1. avec le nombre
2. Il s'en suivra, dès qu'une fois les idées que nous ac-
querrons dans les sciences, c'est-à-dire ici, que les
propositions nous seront connues et démontrées, que
mises par la localité et fixées par l'image dans le même
ordre où nous les avons reçues, elles se retrouveront
plus aisément; et que si l'une peut être oubliée, nous
pouvons aussitôt aller à celle qui la suit.

Ainsi notre chambre fictive deviendra par ce dépôt,

comme une table analytique de nos connaissances.
Sans doute', ce moyen ne nous fait pas apprendre,
mais il nous fait retenir, et ceux qui se sont livrés aux
connaissances mathématiques , doivent se rappeler
qu'ils ont eu plus de peine à ne pas oublier qu'ils n'en
ont eu à concevoir.

Comment peindre des idées de façon à les localiser?
Nous avons déjà eu occasion de traiter cette matière au
commencèment de cet ouvrage, en parlant des chiffres
et des différentes applications numériques que l'on
peut faire.

La géométrie porte ses images avec elle; il est inutile de lui en donner d'autres; il faut se contenter de
placer les figures suivant l'ordre qu'elles doivent avoir;
et lorsque l'esprit sera accoutumé à les voir à telle ou
telle place , il saura que c'est telle proposition qui conduit à telle autre ; car il est évident que la figure rappellera la proposition à celui qui l'a déjà connue; c'est
ainsi que l'on voit de jeunes géomètres repasser les
élémens de la science qu'ils étudient, sans ouvrir leurs
livres, mais en déployant sous leurs yeux seulement la
table des figures. Dans les commencemens , on place
séparément toutes les propositions accessoires; mais
ensuite on a besoin de moins de points de reconnais-
sance; l'on se ressorre et l'on ne met plus que des
propositions principales ; de cette sorte, il ne faut

qu'un nombre de figures assez borné pour contenir les élémens de géométrie.

Pour placer les figures de géométrie sur les figures de Mnémonique, il est inutile de faire aucun rapport ; on se contentera de les placer d'une manière quelconque sur l'image mnémonique : ainsi, la *tour* donnera l'idée de la ligne droite ; le *bassin* dans lequel on peut supposer le *cygne*, est un cercle ; le *rempart* donne l'idée d'un angle, etc.

Il y a plus de difficultés pour l'algèbre :

$$\frac{a. + b.}{d.}$$

ou
$$\frac{a. - b.}{d.}$$

ou $\qquad a. + b. - d.$

se ressemblent si fort qu'il est difficile aux analystes même de retenir un grand nombre de formules, et cependant c'est ici que la mémoire est le plus utile en mathématiques : il est presqu'indispensable à un élève de savoir un certain nombre de formules assez compliquées, lorsqu'il se présente à un examen. Si les formules sont bien présentes à son esprit ; pour lors, dégagé d'inquiétude, il poursuit ses démonstrations.

avec plus de sécurité ; mais si sa mémoire lui est infi-
dèle, il aura beau appeler la raison à son secours,
souvent il s'embrouille en voulant reconstruire avec
trop de précipitation.

Il est essentiel aux professeurs même de connaître
les formules qu'ils veulent démontrer ; car, s'ils ne
voyent pas tout-d'un-coup le but où ils tendent, ils
hésitent, se trompent, et sont obligés de reprendre à
plusieurs fois une démonstration qu'ils ont faite à l'aise
dans le calme du cabinet.

Il s'agit de voir si la Mnémonique peut offrir un
secours dans cette occasion.

L'écriture de l'algèbre est compliquée ; elle se compose de chiffres, de lettres et de signes. C'est avec la
combinaison diverse de ce langage écrit, que l'on établit toutes sortes de rapports, qui deviennent faciles à
décomposer, et auxquels on ne pourrait pas toujours
assujettir le calcul ordinaire.

Il deviendrait inutile de suivre de mémoire ces rapports depuis leurs élémens ; il n'est besoin de les retenir que, lorsque réduits à leur plus simple expression,
ils offrent le dégagement des quantités connues avec
les inconnues, et deviennent une règle pour tous les
cas semblables ; c'est ce qu'on nomme *formules*.

La Mnémonique fait ici comme elle a fait pour

l'arithmétique. En arithmétique, elle forme des
mots avec des nombres, et ces mots, propres par
leurs consonnes à représenter des chiffres, et susceptibles par l'idée qu'ils rappellent de faire image, ces
mots se retiennent plus aisément que les nombres :
alors, l'art de retenir des nombres, n'est que celui de
retenir des mots donnés.

Pour l'algèbre, on a des chiffres, on en fera des
lettres comme on a déjà fait : on a des signes, on en
fera des voyelles qui ne servent point pour les nombres ;
et avec les lettres qui sont déjà employées pour les formules, il en résultera des mots.

Il est vrai que le plus souvent ces mots seront barbares, et n'offriront aucun sens ; mais un mot barbare
se retient toujours plus facilement qu'une formule qui
ne représente rien à l'esprit, et on peut lui trouver
une similitude avec des mots dont le sens nous est
connu.

Apprendre des formules algébriques, sera donc
apprendre des mots d'une langue étrangère.

Voici quels sont les signes de l'algèbre.

+ Signifie *plus* : on le représentera par la lettre *a*.

— Signifie *moins* : on le représentera par la lettre *e*.

: Signifie *divisez par* : on le représentera par la
lettre . . . . . . . . . . . . . . . . . . . *i*.

X signifie *multipliez par :* on le représentera par la lettre. . . . . . . . . : . . . . . *u.*

V signifie *racine :* on le représentera par l'initiale. . . . . . . . . . . . . *r.*

L'exposant, qui indique l'élévation à une puissance, sera représenté par . . . . . . . . . . *o.*

S'il paraissait préférable, pour la liaison, d'employer des mots entiers pour les signes, au lieu de voyelles, on se servirait de prépositions. *Avec, et, pour,* seraient employés comme *plus; sans, contre, ni,* seraient employés comme *moins.* Pour la multiplication on se servirait d'un verbe commençant par M ou N ; pour la division, d'un verbe commençant par D ou T.

Les voyelles serviront de liaison entre les consonnes qu'on aurait à employer comme nombre ou comme lettres algébriques ; pour donner plus de facilités, on se servira aussi des voyelles pour exprimer les cinq premiers chiffres suivant leur ordre, et elles ne compteront ainsi numériquement que lorsqu'elles seront précédées d'une autre voyelle ; alors, ayant la facilité d'employer des consonnes ou des voyelles pour les chiffres suivant le besoin, on ne se servira pas des consonnes qui se trouvent déjà employées dans sa formule ; on aura, dans ce cas, recours aux voyelles.

D'un autre côté , lorsque la formule contiendra quelques voyelles , comme on réserve toujours ces lettres pour l'emploi que nous venons de leur assigner , on convertira ces voyelles en consonnes , ce qui est indifférent pour la formule ; mais pour se retrouver plus facilement , s'il fallait reproduire la formule comme elle est écrite , on prendra les consonnes les plus voisines des voyelles auxquelles on les substitue ; ainsi, pour *a* on prend B, etc.

Il peut arriver qu'il se trouve déjà un B, alors on convertit cette lettre en une autre , la forte , par exemple, pour B on prendra P (1); d'ailleurs, il est facile d'observer que l'on n'apprend par cœur que des formules que déjà l'on sait à-peu-près, que l'on serait en état de recréer avec un peu de tems ; et par conséquent on ne risque guères de se tromper.

Quelques exemples vont éclaircir ce que nous venons de dire : que l'on donne les formules suivantes :

$$\frac{D-C+L;}{m} \qquad \frac{M+G;}{2} \qquad \frac{T+P;}{S}$$

Il sera facile , en appliquant les règles que nous

---

(1) Voyez l'alphabet du Chapitre IX.

venons d'indiquer, de voir que ces formules donneront les mots, *décimal, magie, tapis ;* ces mots se
retiennent ainsi qu'on l'a vu, pour les mots donnés,
page 23.

Ainsi, dans la première formule, on a le         **D.**
Il est suivi du signe         **E.**
Posez le C         **C.**
Le signe de division c'est         **I.**
Posez         **M.**
Le signe -|- donne         **A.**
Posez la lettre         **L.**

Ce qui fait le mot décimal.

Étant donnés les mots suivans , en déduire la formule :

*Paris, repos, médecin*, on trouve :

$$\frac{P \vdots R; \quad R - P -|- S; M -}{S} \quad \frac{D - C}{N}$$

Dans le premier mot ;

On pose         **P.**
La lettre A rappelle         -|-.
Posez         **R.**
La lettre A rappelle la division         : .
Et on pose         **S.**
La réunion de ces lettres et signes donnent la formule,

$$\frac{P -|- R}{S}$$

Lorsque dans les formules on a des voyelles, ( ce qui arrive souvent ) comme dans celles-ci :

$$\frac{A + B}{F} \qquad \frac{A + E - I}{D - M}$$

On prendra dans la première formule *b* pour *a*, et comme on a déjà *b*, on lui substituera la lettre forte qui lui correspond, **P**.

Dans la deuxième formule, on prendra un **C** pour l'**E**, et on prendrait un **D** pour l'**I**; mais comme on a déjà **D**, on lui substituera sa forte, **T**.

On trouvera :

*Bapif, Bacetidem.*

Ces mots, il faut en convenir, ne présentent aucune idée, mais ils ne nous paraissent pas plus barbares que des mots d'une langue étrangère que nous entendons pour la première fois; et il est plus aisé de les retenir que de retenir une formule; car enfin, l'oreille peut les apprécier et les saisir.

Voici une difficulté qui paraît plus grande, et qu'on a déjà pu remarquer dans les formules précédentes:

Que l'on donne :

$$\frac{x}{N} + P - L - 3; \qquad ou \frac{x}{N + P - L - 3}.$$

Ou

ou
$$\frac{X}{N + P - L} = 5.$$

ou
$$\frac{X}{N + P} - L = 5.$$

etc.

Ces formules, bien différentes cependant, donneront toutes le même mot : *Xinapelèi*.

Il est certain que c'est un inconvénient de la méthode, difficile à éviter ; ce qui le rend, dans la pratique qu'on en peut faire, moins dangereux, c'est que l'on ne rencontre pas des formules qui ont précisément les mêmes lettres, et que connaissant déjà les formules, lorsque le nom les rappelle, on court peu de risque de se tromper dans la disposition des lettres : car enfin, il n'est pas à présumer que l'on s'amuse à apprendre des formules algébriques qui ne signifieraient rien. Le moyen d'éviter cet inconvénient, si on le redoutait, serait de placer des séparations, des traits d'union dans le mot, lorsqu'il se présenterait une ambiguité ; par exemple, on aurait, suivant l'ordre des formules ci-dessus :

Xin-apelèi ;
Xinapelèi ;
Xinapel-èi ;
Xinap-elèi.

O

Comme le son est toujours le même, on pourriat, au lieu de ces traits d'union —, que l'œil peut seul voir, et que 'oreille oublie, se servir d'une diphtongue ou d'une syllabe de convention, que l'on mettrait à a place du trait d'union, et qui donnerait au mot une autre prononciation.

Le mot *ou* paraît propre à cet office, parce que les deux voyelles qui le composent peuvent se trouver réunies, d'après les règles que nous avons établies, à moins que l'*u* ne compte pour *s*; mais cette exception serait facile à retenir.

C'est ainsi qu'on peut s'y prendre pour retenir quelques formules détachées, et dont on serait dans le as de faire un fréquent usage. Il arrive aussi qu'on peut avoir une suite de formules qui dépendent les unes des autres, ainsi que cela se présente dans les progressions, les sections coniques, la trigonométrie, etc. Alors il faut retenir non-seulement les formules, mais aussi la relation qu'elles peuvent avoir entre elles, et il faut être dans le cas de pouvoir citer sur-le-champ celle dont on aurait besoin. On jugera de la méthode par l'application qui en a été faite aux progressions arithmétiques :

Soit A. le premier terme de la progression.

X. le dernier terme.

D. la différence.

N. le nombre des termes.

S. la somme des termes.

Les cinq lettres qui expriment tout ce qui se trouve dans une progression arithmétique, réunies ensemble A. X. D. N. S. forment à-peu-près la même prononciation que le mot *accident*, et ce mot peut servir à les retenir. On sait que de ces cinq choses, on en trouve une dès qu'on connaît trois des quatre autres; ce qui présente quatre combinaisons pour chacune des cinq choses que l'on cherche, et par conséquent en total, vingt combinaisons ou formules différentes; voici comme on les réduit pour les retenir et en établir l'ordre :

$$1—AX\quad—11.$$
$$2—AD\quad—12.$$
$$3—AN\quad—13.$$
$$4—AS\quad—14.$$
$$5—SAX\ —15.$$
$$6—XAD—16.$$
$$7—DAN—17.$$
$$8—NAS\ —18.$$
$$9—NAX\ —19.$$
$$10—DAS\ —20.$$

Dans cette série de syllabes faciles à retenir et à dénombrer, on a voulu indiquer les quantités inconnues, les trois autres omises sont supposées déjà connues et énoncées dans la formule. Depuis le n°. 5 la lettre *a* ne sert plus que pour former la syllabe. Il suf-

lisait de dix syllabes pour indiquer l'ordre des vingt
formules, parce que chacune contenant deux quantités, sert deux fois, suivant qu'on le peut voir par les
numéros que nous avons mis à côté : par exemple, dans
la première syllabe $ax$, si c'est $a$ que l'on veut déduire,
c'est à la première formule qu'il faut recourir ; si c'est
$x$, au contraire, il faut aller à la onzième. — Dans la
syllabe $ad$, pour trouver $a$, il faut aller à la deuxième
formule ; et pour trouver $d$, il faut recourir à la
douzième, etc. D'où l'on voit que chacune des quantités peut se déduire de quatre formules différentes.
La série de syllabes n'est donc qu'une table indicative
de l'ordre dans lequel on a disposé les formules, et ces
formules dont on a fait des mots, se disposent sur les
vingt premières figures mnémoniques.

Demande-t-on le premier terme de la progression,
qui est représenté par $a$? le dernier terme $x$, la différence $d$ et la somme $s$ étant connus, il faut chercher
une des syllabes qui contient $a$ sans aucune des trois
lettres connues ; nous trouvons $an$ qui indique le n°. 3
ou le n°. 13. Mais ici ce sera 3, puisqu'il est question
de la première lettre ; il faut recourir à la case 3,
rechercher le mot qu'on y a déposé, et en déduire la
formule. Il est facile de voir qu'au moyen de la série
de syllabes, il ne faut pas grand effort pour trouver le
numéro d'ordre de la formule. De même $s$ étant l'in-
connue, et $x$, $d$, $a$, les quantités déterminées, on arrive

à la syllabe *nas*, qui indique ici la dix-huitième case , place du mot qui représente la formule cherchée. On doit se rappeller que *a* ne compte ici pour rien.

Nous allons donner un ou deux exemples de ces formules, pour en faciliter l'application.

On demande la valeur de *a*, connaissant *s*, *d*, *n*. La syllabe *ax* nous indique que sa place est à la première case; et en y recourant, on y trouve le mot *Sin-ednadie*, d'où l'on déduit pour la valeur demandée , l'équation suivante :

$$A = \frac{S}{N} \quad \frac{DN + D}{2}$$

La valeur de D étant demandée, *a* , *s* et *x* supposés connus; cette valeur est exprimée par la formule algébrique :

$$\frac{X^\circ - A^\circ}{2 S - A - X}$$

Je la trouve sur la case n°. 7, exprimée par les mots *Xonebon-Iesebex* ; la syllabe *dan* m'ayant indiqué cette place ; il en est de même pour les autres formules dont on peut prendre connaissance dans les livres d'algèbre, et que l'on disposerait sur les cases, d'après les procédés que nous venons d'indiquer.

La trigonométrie et les sections coniques offrent une série de formules plus étendue, puisqu'il y a plus d'élémens : les deux quantités A et B ont chacune leur sinus, leur cosinus; tangente, cotangente; sécante, cosécante, etc. Il faut établir, outre les règles dont nous avons parlé, d'autres signes, pour exprimer toutes ces choses.

De A on fera B, et pour B on prendra P.

Pour le sinus de A on prendra— B. —Pour le sinus de B—P.

cosinus de A.————————BR.—    cosinus de B.—PR.

tangente de A. ———————— D. —    tangente de B.— T.

cotangente de A.———————DR.—    cotangente de B.—TR.

secante de A.——————— G. —    secante de B.— C.

cosecante de A.——————GR.—    cosecante de B.—CR.

On voit qu'il n'y a à proprement parler que trois lettres d'employées, B, D, G, avec leurs fortes P, T, C; les faibles pour A, les fortes pour B; et que la lettre R sert, avec la combinaison de ces lettres, pour les cosinus, cotangentes et cosecantes; en un mot, tient lieu de la syllabe co; sans cette combinaison, on la réserve pour exprimer le rayon. Maintenant les sinus, cosinus, etc., offrent les variations suivantes, qu'il faut également indiquer. On va les rapporter pour les sinus de l'A, il sera facile de les imaginer pour les autres.

Sinus A. On prend pour cette combinaison la lettre A.

| | |
|---|---|
| deux sinus A.— | —E. |
| sinus 2. A.— | — I. |
| demi sinus A.— | —O. |
| sinus demi A.— | —U. |
| sinus A-¦-B.— | —AI. |
| sinus A-¦-B.— | —AU. |

Ici ce sont des voyelles qui peuvent servir également pour les sinus, cosinus, tangentes, etc., suivant qu'on les ajoutera aux consonnes précédentes, qui désignent les sinus, cosinus, tangentes, etc. C'est par cette réunion que l'on produira toutes les variations possibles qu'offre l'emploi de ces quantités. Les consonnes du tableau précédent, et les voyelles de celui-ci, prises isolément, ne désigneraient rien.

Ainsi, sinus A. sera exprimé par BA.

| | |
|---|---|
| sinus B.— | —PA. |
| deux sinus A.— | —BE. |
| deux sinus B.— | —PE. |
| demi sinus A.— | —BO. |
| demi sinus B.— | —PO. |

sinus demi A sera exprimé par —BU.

sinus demi B.— —PU.

sinus A-|-B.— —BAI.

sinus A—B.— —BAU.

cosinus A.— —BRA.

cosinus B.— —PRA.

, deux cosinus A.— —BRE.

deux cosinus B.— —PRE.

2 etc. etc.


1 Ainsi de suite pour les cosinus.


Tangente A.— —DA.

tangente B.— —TA.

deux tangentes A.— —DE.

deux tangentes B.— —TE.

etc. etc.


cotangente A.— —PRA.

cotangente B.— —TRA.

etc. etc.


secante A.— —GA.

secante B.— —CA.

etc. etc.

| cosecante A.— | —GRA. |
| cosecante B.— | —CRA.. |
| etc. | etc. |

Avec ces consonnes dont le mécanisme est facile à comprendre, on formera des mots dont elles seront le commencement, ainsi qu'il suit :

Avez-vous à rendre sinus B ; tangente A ; cosecante demi B ; secante A-|-B ; vous ferez, suivant la règle, les quatre mots suivans ou de semblables : *patron; danse; croc; gaîté.*

Car sinus B, donne PA ; tangente A, donne DA ; cosecante demi B, CRO ; secante A-|-B, donne GAI.

Et si vous retrouvez dans une construction les mots, *brave, gant, trèfle, dune,* vous en déduirez :

Cosinus A ; secante A ; cotangente B ; tangente demi A : en effet, B R, commencement du premier mot, donne cosinus A ; GA, commencement du second mot, donne secante A ; TR au troisième mot, donne cotangente B ; et DU, au dernier mot, donne tangente demi A.

Les mots que l'on peut former de cette façon, étant joints aux prépositions et aux verbes, qui font les fonctions de signes, suivant que nous avons eu déjà occasion de le dire, donneront des constructions de phrases pour représenter les formules de cette nature.

Voici comment on peut s'y prendre :

Soit, cosinus A --|-- cotangente, A — tangente A -|-
cosecante, B -|-² cotangente B :

On en ferait la construction suivante :

« Un *brave marche droit contre* le *danger, et* ne
» *craint* pas le *trépas.* »

*Brave* ou BRA., donne cosinus A ; le verbe *marche*
qui commence par **M**, indique la multiplication ; *droit*
ou DRA , c'est cotangente A ; *contre* , préposition,
qui donne le signe --|-- ; *craint,* ou CRA , c'est cose-
cante B ; *trépas* , ou TRE , c'est deux cotangente B.

Le signe de multiplication qui se trouve entre les
deux dernières quantités n'a pas besoin d'être énoncé,
puisque les deux mots n'ont entre eux aucune lettre
qui exprime un signe de séparation. On sait que la
multiplication est indiquée en algèbre, lorsque deux
quantités se trouvent à côté l'une de l'autre sans inter-
position.

Dans la phrase suivante :

« *Tenez-*vous en *garde contre le piège dressé* de
» ce *côté, et prenez avec* moi vers la *droite.*»

On trouvera :

Sinus 2 B<br>
2 tangente B -|- secante A——————— -|-2 cosinus B-|-demi cotangente A<br>
demi secante B.

Tenez ou *te*, donne 2 tangente B; garde ou *ga*,
c'est secante A; et comme cette quantité se trouve à
côté de la première, sans aucun mot qui exprime un
signe, il y a multiplication, vous mettez donc -|-.
*Contre*, préposition, qui est pour le signe moins —.
Piège ou *pi*, c'est sinus 2 B; dressé, verbe qui commence par **D**, indique la division. — Côté ou *co*, c'est
demi secante B; *et*, conjonction pour le signe plus -|-;
prenez, ou *pre*, donne 2 cosinus B; *avec*, autre pré-
position, pour le signe -|-; droite ou *dro*, demi co-
tangente A.

Pour mieux faire comprendre la méthode, nous
avons à dessein choisi des exemples faciles; mais souvent on éprouvera l'inconvénient d'avoir des phrases
décousues, et cet inconvénient est peut-être plus grave
que celui d'avoir des mots barbares.

En exposant l'application de la Mnémonique aux
mathématiques, nous en avons présenté les avantages
sans en cacher les défauts; c'est à ceux qui s'occupent
de ces sciences, à décider jusqu'à quel point ils
peuvent faire usage de la méthode; car il ne suffit pas
de faire voir au public, qu'à l'aide de ce secours,

on est parvenu à faire retenir à des enfans, une suite d'X et d'Y, qu'ils ne comprenaient pas : les résultats excitent d'abord l'étonnement, mais bientôt on les rangerait dans la classe de ces tours de force, qu'on admire sans être tenté de les imiter, parce qu'on y voit plus de hardiesse que d'utilité.

*Fin du huitième Chapitre.*

# CHAPITRE IX.

*Application de la Mnémonique à l'étude des Langues.*

---

» L'INTELLIGENCE des langues sert comme d'intro-
» duction à toutes les sciences. Par elle nous parve-
» nons presque sans peine à la connaissance d'une infi-
» nité de belles choses qui ont coûté de longs travaux
» à ceux qui les ont inventées. Par elle tous les siècles
» et tous les pays nous sont ouverts. Elle nous rend en
» quelque sorte contemporains de tous les âges et
» citoyens de tous les royaumes. Elle nous met en
» état de nous entretenir encore aujourd'hui avec tout
» ce que l'antiquité a produit de plus savans hommes,
» qui semblent avoir vécu et travaillé pour nous. Nous
» trouvons en eux comme autant de maîtres qu'il nous
» est permis de consulter en tous temps, comme
» autant d'amis qui sont de toutes les heures et qui
» peuvent être de toutes nos parties, dont la conversa-
» tion, toujours utile et toujours agréable, nous enri-
» chit l'esprit de mille connaissances curieuses, et nous
» apprend à profiter également des vertus et des vices
» du genre humain. Sans le secours des langues, tous
» ces oracles sont muets pour nous, tous ces trésors

» nous sont fermés ; et faute d'avoir la clef qui seule
» peut nous en ouvrir l'entrée, nous demeurons
» pauvres au milieu de tant de richesses, et ignorans
» au milieu de toutes les sciences » (1).

C'est dans la vue de rendre plus facile cette étude
pénible des langues, que l'on a rapproché tous les
genres de locutions, et les transformations que les
mots pourraient subir par l'effet du hasard ou de la
volonté de chaque individu.

De ce rapprochement, il est résulté des règles générales qui dans la suite ont servi de base à tous ceux
qui employaient le même idiôme ; on ne doit pas y
chercher cet esprit d'analyse qui se retrouve dans les
sciences, et qui conduit d'un point à un autre : les
langues n'ont pas été l'ouvrage des savans ; tout
était créé lorsqu'ils ont voulu en faire un corps de
doctrine : l'usage, dont l'empire est le plus absolu,
ne permettait aucuns changemens notables, et il
n'était question que d'en consacrer les résultats d'une
manière précise. De-là ces bisarres irrégularités qui se
retrouvent à chaque instant dans l'emploi d'une langue
et qui exercent tous les jours la sagacité des grammai-
riens quand ils essaient de marcher, le fil en main, dans
ce nouveau dédale. Comment osera y pénétrer celui

---

(1) Traité des Études de Rollin, tom. 1, page première.

qui sait à peine quelques mots de la langue qu'il veut apprendre? A chaque pas qu'il essaiera de faire, il ne rencontrera qu'une obscurité plus profonde. En effet, il faut être déjà familier avec une langue pour entendre les règles qui en sont la base, et comme la règle n'est venue qu'après l'exemple, il est nécessaire que l'usage mette auparavant à portée de faire quelque comparaison; c'est ainsi que nous n'apprenons les règles de notre langue maternelle, que lorsque nous savons déjà la parler, c'est un procédé semblable qu'il faudrait suivre pour les langues étrangères.

Imitons le voyageur : il arrive dans un nouveau pays; il a besoin de se faire comprendre, et il n'entend pas la langue que parlent ceux qui l'entourent; pour y parvenir, il prendra le plus court moyen : il n'ira pas d'abord étudier des règles dans une grammaire obscure, mais il cherchera à connaître le nom des objets qui forment ses premiers besoins, et il acquerra ainsi chaque jour la connaissance de nouveaux mots à mesure que la nécessité lui en fera une loi. En peu de temps il se trouve en état de demander la plupart des choses en les nommant, et il n'emploie le *langage d'action* que pour assembler les mots qu'il a appris et retenus isolément.

La connaissance des verbes et des autres parties du discours, succède de la même manière à celle des noms; à mesure qu'elle s'acquière, la conversation et

la lecture devenant moins pénibles , achèvent une
étude dont on aurait retiré peu de fruits si l'on avait
voulu commencer par apprendre des règles que l'on
n'était pas encore en état de comprendre.

Supposons-nous dans le pays où l'on parle la langue
que nous nous proposons d'apprendre. Demandons les
noms de chaque chose , en commençant par celles qui
reviennent le plus souvent dans le discours : le dictionnaire est dans nos mains, il nous répondra ; c'est alors
que la Mnémonique viendra nous aider. Elle s'établira
comme un intermédiaire utile entre le mot étranger
que nous voulons apprendre et le mot de notre langue
qui y répond. L'esprit , en cherchant un rapport entre
ces deux mots qui n'ont souvent aucune ressemblance,
prête déjà un secours à la mémoire naturelle, et le rapport , quoique plus ou moins heureux , doit lui donner
un nouvel appui.

Par exemple, le mot français *oiseau,* se traduit en
latin par *avis.* Comment associer dans notre esprit,
*oiseau* et *avis* ? il n'y a que l'habitude de les répéter
ensemble qui nous empêche d'oublier cette correspon-
dance ; mais voyons un oiseau, au col duquel est attaché
un billet pour porter un *avis* dans une ville assiégée,
ainsi que cela s'est fait quelquefois ; le mot français *avis*
qui est le même, à la prononciation près, que le mot
latin, associe dans notre esprit *avis* et *oiseau,* qui
expriment la même idée. Ceci supplée en quelque sorte

à

à ce défaut de raison qui fait que c'est *avis* qui signifie *oiseau* plutôt que tout autre mot. Or une chose s'apprend d'autant plus facilement qu'il y a plus de raisons qu'elle existe de cette manière que de cette autre. C'est ainsi que le même mot *oiseau* qui se rend en grec par *ornio*, se retiendra en pensant à un *oiseau orné*, orné de son beau plumage. En allemand, on dit *vogel*, qui se prononce *voguel*, on verra l'oiseau qui *vogue* avec ses aîles ; en anglais *bird*, qui se rapproche de *bride*, car il est impossible de ne pas altérer le mot; mais on le corrige bientôt dès qu'on en a l'à-peu-près; on verra un oiseau attaché avec une *bride*. L'italien dit *ucello*, qu'on peut rendre ainsi, *use aîles haut*, il use ses aîles en haut, dans les airs, etc. Tous ces rapports forment autant de petits tableaux; et dès-lors l'imagination voit le mot qui devient susceptible de tomber sous les sens. Cet exemple, que le hazard nous a fourni, suffit pour faire comprendre la méthode que nous devions démontrer, et le genre d'utilité que l'on en peut retirer. Chacun doit faire ses rapports et les établir suivant sa manière de concevoir; souvent les rapprochemens les plus bisarres sont les plus faciles à retenir, et ils s'établissent souvent sur des idées qui nous sont personnelles, et qui ne pourraient convenir également à d'autres personnes.

Sans doute, un esprit raisonnable aura de la peine au premier abord, à se faire à une manière d'ap-

P.

prendre qui prête tant au ridicule ; mais si on veut
faire attention à la manière dont nous avons retenu
ce que nous savons le mieux, on verra qu'elle est en
quelque sorte conforme au moyen que nous rappor-
tons. Que l'on essaie, et la facilité avec laquelle on
apprendra, sera la meilleure réponse à faire à ceux qui
craignent tant de s'exposer à un ridicule, qu'ils
peuvent au surplus s'épargner, car on n'est pas obligé
de rendre compte de la manière dont on reçoit ses
perceptions; cependant, nous le répéterons, il pourrait y avoir de l'inconvénient dans l'emploi de cette
méthode pour les enfans; il serait à craindre qu'ils ne
s'occupassent plutôt de l'accessoire de la chose que de
son résultat; et d'ailleurs, dans un âge où la mémoire
naturelle a tous ses ressorts, il est bon de les main-
tenir dans leur état de souplesse. Un enfant n'a pas
plus besoin de moyens artificiels pour apprendre et pour
retenir, qu'il n'a besoin de lunettes s'il a la vue saine.

L'homme dont le jugement est formé, ne craindra
pas de l'altérer en faisant quelques rapports bisarres. L'enfant apprend sans s'occuper du pourquoi :
l'homme, au contraire, veut le savoir ; il le demande
même où il n'y en a point. Le rapport qu'il fait
entre deux mots, est pour lui cette troisième
chose connue, à laquelle les Géomètres rapportent
deux objets, lorsqu'ils les veulent comparer ; c'est
cette troisième substance, que les Chimistes mêlent
à deux autres, qui n'ont pas d'affinité ; c'est aussi

ce ciment qui unit deux corps, et qu'on n'apperçoit pas.

Nous terminerons cet ouvrage par quelques ré-
flexions générales sur les langues.

Toutes les langues ont le même alphabet, à peu
de différence près, et il est aisé de saisir les rapports
que les lettres ont entre elles.

L'alphabet français contient 24 lettres que nous ré-
duirons à 22, en supprimant les lettres K et Y, dont
la première n'est qu'un composé de deux autres, et
dont la seconde appartient à la langue des Grecs.

Ces lettres seront distribuées ainsi :

| 1 | 2 | 3 | 4 |
|---|---|---|---|
| A | B 5 | C | D |
| E | F 6 | G | H |
| I | L 7 | M | N |
| O | P 8 | Q | T |
| U | V 9 | X | Z |

R S

## Des Voyelles.

L'alphabet ainsi disposé, on remarquera, 1.° que les lettres de la colonne verticale 1, c'est-à-dire les voyelles *a*, *e*, *i*, *o*, *u*, étant seules, se prononcent facilement, sans qu'il soit besoin de recourir à une autre lettre, comme il arrive pour toutes les autres qui ne peuvent être exprimées sans le secours d'une ou de plusieurs voyelles, quelquefois même d'une seconde consonne ; ainsi, B , C , F , M , Q , X , se prononcent comme *Bé*, *Cé*, *Effe*, *Emme*, *Qu*, *Ixse*, etc.

2°. Que la voyelle *i* a un son unique, et que de quelque manière qu'elle soit employée, même unie à une autre voyelle, elle se fait particulièrement entendre; pour les autres lettres *a*, *e*, *o*, *u* , lorsqu'elles sont jointes à d'autres voyelles , elles prennent des sons intermédiaires, et se rapprochent de celle qui les sépare ; ainsi :

*Ai* a pour son *e*, lettre intermédiaire de la colonne *I*.

Quelquefois le son de deux voyelles jointes ensemble, est celui de la voyelle intermédiaire plus voisine, comme on voit dans *au* qui se prononce *o*, voyelle intermédiaire, plus rapprochée de *u* que de *a*.

*Ei* qui se prononce *e* première voyelle de cette syllabe.

*Eu* qui se prononce *e* ou *œ* première voyelle de la syllabe.

*Ea* se prononce *a* dernière voyelle de la syllabe.

*Oi*, *oa* conservent leur son *oi*, *oa*.

La colonne 2 contient toutes les lettres *labiales.*

La colonne 3 renferme celles appelées *gutturales.*

Et la colonne 4 est formée par les *dentales.*

Les lettres R, S ne sont rangées dans aucune de ces colonnes, leur prononciation étant d'une nature simple, qu'on ne peut ranger dans aucune de ces trois classes.

*Des Consonnes, de leur analogie et de leurs rapports entre elles.*

Les consonnes ont entre elles des rapports naturels et des rapports d'occasion.

Les rapports naturels sont ceux auxquels peut donner lieu une prononciation faible ou forte qui ne change point ; ainsi dans les colonnes horisontales 5 et 6, les lettres B, C, D, E, G, H, ont toutes une prononciation également faible, et dans la colonne 8, les lettres P, Q, T, ont toutes une prononciation également forte.

Les rapports d'occasion sont ceux auxquels peut donner lieu une prononciation qui devient faible ou forte, selon que la consonne est précédée ou suivie d'un son qui nécessite l'un ou l'autre de ces caractères : ainsi dans la colonne 9, les lettres V, X, Z, sont

quelquefois faibles et d'autres fois fortes. Ces lettres
sont vulgairement appelées *sifflantes*.

La nature des lettres P , Q , T , nous porte à cro.re
qu'elles n'existaient point dans l'alphabet primitif, et
qu'elles se sont introduites dans le langage lors de sa
corruption; en effet , ces lettres, très - fréquemment
employées dans le nord, ne sont réellement que les
fortes de B , C , D ; et presque toujours on voit B rem-
placé par P ; C par Q ; D par T.

Les lettres P et C deviennent les fortes de F et de
G, et sont aspirées par l'addition de H , comme dans
*ph* , *ch* , *philosophie* , *chymie* , *etc.*

Il est aisé de retrouver dans les langues qu'on voudra comparer entre elles , les rapports que nous venons
d'établir, et beaucoup d'autres sur lesquels nous n'avons
pu nous étendre , notre travail devant se borner à indiquer les moyens d'abréger l'étude de ces mêmes
langues , et d'en fixer le résultat par la Mnémonique.

Beaucoup de mots substantifs, dans quelques langues
modernes, ne changent point de terminaison quoique
employés à différens cas ; l'article qui les précède
éprouve seul des variations : ainsi dans l'italien , dans
le français , etc. , on dit : *la caza, della caza , alla
caza ; la maison, de la maison, à la maison.*

Dans les langues anciennes, au contraire , comme

la grecque et la latine, les noms se terminent différemment, selon qu'ils sont placés à des cas différens ; ainsi on dit *homo, hominis, homini;* pour exprimer le nominatif *l'homme*, le génitif, *de l'homme*, et le datif *à l'homme*, etc.

Il sera donc nécessaires pour ces langues d'étudier les déclinaisons, de manière à reconnaître un mot à quelque cas qu'il se trouve, et d'en retrouver aisément le genre et le nombre.

Pour atteindre ce but, on formera un tableau des terminaisons : ainsi dans la langue latine qui compte cinq déclinaisons, on distingue celle à laquelle appartient un nom, par la terminaison de son génitif singulier ou pluriel.

*Déclinaisons latines.*

|  | 1<sup>re</sup>. | 2<sup>e</sup>. | 3<sup>e</sup>. | 4<sup>e</sup>. | 5<sup>e</sup>. |
|---|---|---|---|---|---|
| Génitif singulier.. | œ ou e. | i. | is. | ûs ou u. | ei. |
| Génitif plurier.... | arum. | orum. | um ou ium. | uum. | erum. |

On dressera, d'après ce procédé, un tableau qui

contiendra les diverses terminaisons de tous les cas dans les cinq déclinaisons.

On voit qu'avec cette espèce de table, il sera aisé pour chaque mot, quelque soit sa finale, de trouver par sa terminaison même, son genre, son nombre et son cas.

Il est important, pour ne pas dire indispensable, d'étudier les Racines, les mots dérivés et les mots composés de la langue qu'on veut connaître. Nous indiquerons, pour les fixer, le moyen ingénieux que vient d'employer un mnémoniste habile, et qui dès la seconde leçon qu'il reçut sur cette méthode, fixa sa ponctuation par des signes certains qu'il retrouvait à volonté.

M.ʳ L***, auteur de plusieurs ouvrages et Dictionnaires justement estimés, a mnémonisé les racines latines ; il les range par ordre alphabétique, les divise de 10 en 10, et place successivement chaque dixaine dans les cazes de la chambre mnémonique. Il unit ces racines entre elles, en intercallant des mots étrangers qui aident à former un sens, c'est-à-dire un bref discours dont il fixe le sens par un rapport avec l'image de la caze qui lui est destinée.

Pour retenir plus aisément ce bref discours ou phrase, on peut lui donner une sorte de rithme, résultant des repos qu'on établit, et de la distribution même des 10 racines de chaque caze.

*Figure de la distribution des 10 racines dans chaque caze.*

$$
\begin{array}{ccc}
 & \text{o ,} & \\
\text{o ,} & \text{o ,} & \text{o ;} \\
\text{o ,} & \text{o ,} & \text{o ;} \\
\text{o ,} & \text{o ,} & \text{o .}
\end{array}
$$

*Racines placées dans la caze dite* observatoire ( *première chambre* ).

*Œger* ( malade ).

*Agnus* ( agneau ). *Œs* ( airain ). *Ager* ( champ ).

*Aër* ( air ). *Œther* ( ciel ). *Œstas* ( été ).

*Œtas* ( âge ). *Œquus* ( égal ). *Œvum* ( vie ).

Ces racines ainsi distribuées ne présentent par elles-mêmes aucun sens ; on les unit entre elles par des mots de remplissage ou d'emprunt, on leur donne le cas *singulier* ou *pluriel* qui convient mieux au développement de la phrase, et on dit :

« Ce *malade* promet à son médecin un *agneau*, » de l'argent et un *champ ;* si, par son art, il peut » encore se promener en plein *air*, jouir de la vue de » la voûte *éthérée*, voir un nouvel *été*, sentir la

» *chaleur*, parcourir les différens *âges* et mener en
» paix une longue *vie*. »

On fixe ainsi la phrase à *l'observatoire :* « *Æger*
» hic *agnum*, *œs*, medico vovet et *agrum*, si pleno
» *aëris* haustu, *œtheris* conspectu, *œstate* et œstu,
» *œtatibus* que variis uti, et *œquâ* mente longum
» *œvum* ducere. »

On sentira combien il est aisé de fixer de semblables
phrases : ainsi chaque chambre offrant 5oo racines,
on vaincra de grandes difficultés, mais il ne faut pas se
dissimuler que la formation de ces phrases est longue
et pénible, et qu'on ne doit point s'effrayer des entraves que l'on rencontre à chaque pas.

### *De la conformation des lettres de l'Alphabet.*

Les mêmes motifs qui ont fait rechercher à l'auteur
de la nouvelle Mnémonique, le moyen de substituer
des choses ou images aux chiffres ou signes numériques,
l'ont porté à revêtir aussi les lettres de l'alphabet de
formes corporelles, à leur substituer des choses ou
images, qui se trouvent avec elles en rapport par leur
figure et par l'initiale du mot qui les exprime; il en
résulte que si au lieu de présenter aux enfans des lettres
isolées, dont la forme par elle-même n'offre aucun
rapport, et souvent même est en opposition avec l'objet
qu'on veut comparer, on soumettait à l'action de leur
vue ces mêmes lettres corporifiées, et ayant un rap-

port parfait avec l'image appelée pour comparaison, il n'est pas douteux que ces images rappelant à leur pensée la forme qui a frappé leurs yeux, ils la retrouveront aisément ; par ce moyen, sans fatiguer l'espoir d'un enfant, sans recourir à de longs et savans raisonnemens qu'il ne peut entendre, on obtiendrait de lui, en très-peu de temps, la connaissance parfaite de toutes les lettres de l'alphabet.

Rien n'est plus opposé au but qu'on se propose, que de donner aux enfans ces alphabets qu'on trouve par-tout et qu'on orne de petites images, dont l'une représente un Chameau qu'on place près de la lettre C, etc.

Ces images sont en contradiction avec les lettres qu'elles devraient rappeler, et loin de faciliter à l'enfant leur connaisance, elles le jettent dans un embarras d'autant plus grand, qu'il est naturellement porté à établir un rapport, à chercher une image ou une imitation selon ses moyens et son entendement.

Il a donc paru nécessaire de revêtir de formes corporelles les lettres même, et de leur substituer des images en rapport par leur forme avec chacune d'elles, et dont le nom qui les exprime eût encore l'avantage d'offrir pour initiale la lettre elle-même.

La planche n.° A représente les 24 lettres de l'alphabet ; chacun des carrés depuis 1 jusqu'à 24 offre l'image d'une lettre.

Le carré n.° 1 est l'image de la lettre A : c'est un *Chaume*, un *Abri* sous lequel on place divers objets pour les garantir des injures des saisons.

Le carré n.° 2 offre l'image de B ou b ; c'est une *Besace*; la lettre b ressemble encore à un Bas.

Le carré n.° 3 est C ; c'est un *Cerceau* ou *Cercle brisé*.

Le carré n.° 4 D, offre un *Dé* à coudre.

Le carré n.° 5 est E ; c'est un *Échaffaudage*.

Le carré n.° 6 est F ; c'est une *Faulx*.

Le carré n.° 7 est G ; c'est une *Galère*, petite prison de moderne invention, où l'on retient un oiseau.

Le carré n.° 8 est H; il présente une *Hotte*.

Le carré n.° 9 est I ; c'est une *Idole*.

Le carré n.° 11 est M. *Maisons militaires réunies* ou *Tentes*.

Le carré n.° 12 est *N.°* On a choisi ce signe si commun placé sur toutes les Maisons de Paris.

Le carré n.° 13 est O, dont la forme est celle d'un fruit ; par exemple, de l'*Orange*.

Le carré n.° 14 est P. *Peigne.*

Le carré n.° 15 est Q. *Quenouille.*

Le carré n.° 16. R ou r présente un *Rat.*

Le carré n.° 17. S. *Serpent.*

Le carré n.° 18. T. *Toit* ou *Faîte*, la plus haute partie d'un édifice.

Le carré 19. U. *Urne, Vase* de médiocre grosseur, rond et renflé vers le milieu.

Le carré n.° 20. V. *Volant.*

Le carré n.° 21. X. Deux branches de *Xylosteon* ( chevrefeuille ).

Le carré 22. Y. *Yonne* ( rivière ).

Le carré 23. Z. *Zig, zag*, petite machine composée de plusieurs rangs de triangles disposées en sautoir ou lozange, et mobiles dans le centre et par les extrémités.

Enfin le carré 24 présente la lettre même; c'est un signe de convention, d'union et de terminaison.

Ces lettres et leurs images grossièrement ébauchées, doivent être tracées d'avance. L'enfant en les nommant peut chercher à les imiter : cet exercice l'amusera, et il recueillera très-promptement le fruit de cette nouvelle méthode.

On sent qu'il faudrait écrire des volumes pour tracer

toutes les applications dont la Mnémonique est susceptible. Nous n'avons dû indiquer que les principales;
il sera facile au lecteur de se créer de nouveaux systêmes, puisque tout est de convention dans la science
dont nous avons développé les principes.

# F I N.

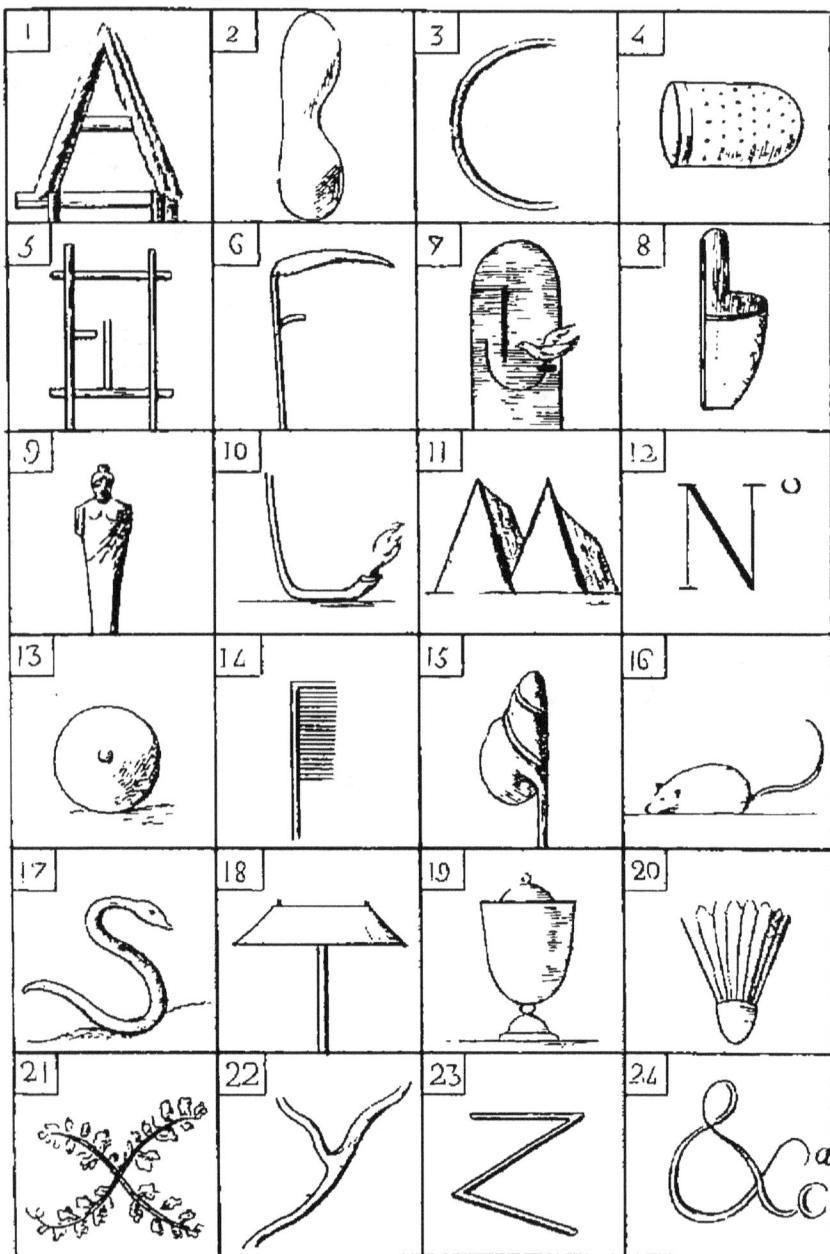

n.ª a.

| 1 A | 2 B | 3 C | 4 D |
| 5 E | 6 F | 7 G | 8 H |
| 9 I | 10 J | 11 M | 12 Nº |
| 13 O | 14 P | 15 Q | 16 R |
| 17 S | 18 T | 19 U | 20 X |
| 21 Y | 22 Y | 23 Z | 24 &c |

Fig. 1.

Fig. 3.

Fig. 2.

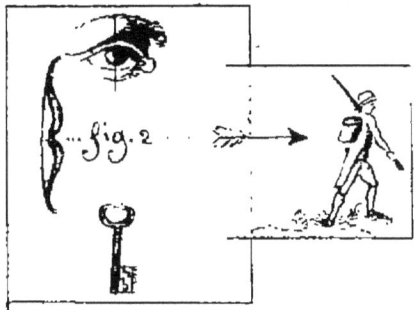

Fig. 4.

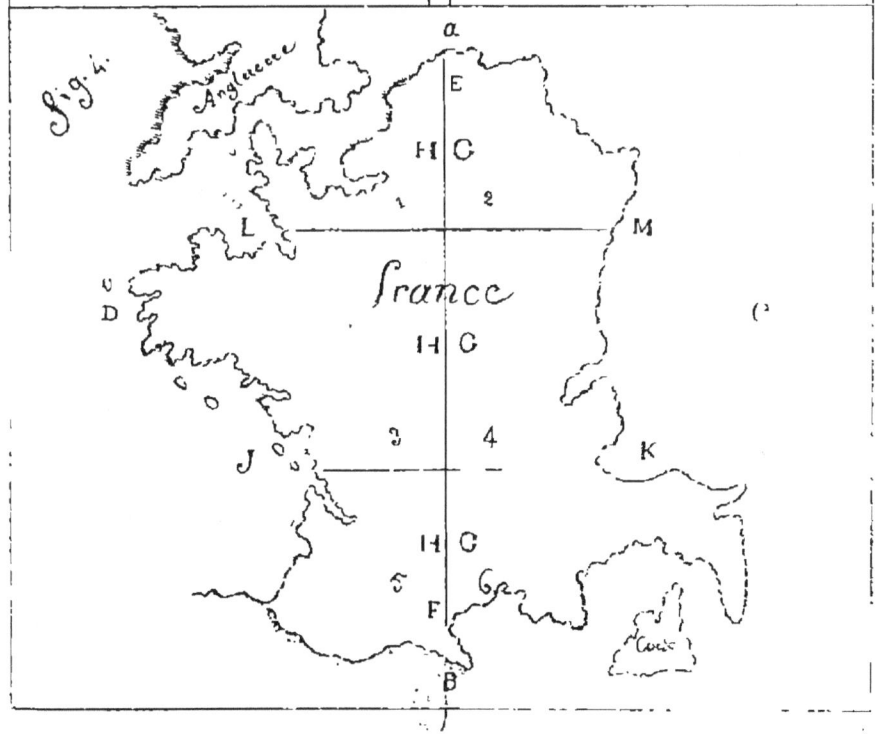

France

Angleterre

Fig. 1.

| | | | |
|---|---|---|---|
| 3. | 4. | 1. | 2. |
| 7. | 8. | 5. | 6. |

Fig. 5.

| 1 | 2 | 3 | 4 | 5 | 6 | 7 | 8 | 9 |
|---|---|---|---|---|---|---|---|---|
| 10 | 11 | 12 | 13 | 14 | 15 | 16 | 17 | 18 |
| 19 | 20 | 21 | 22 | 23 | 24 | 25 | 26 | 27 |
| 28 | 29 | 30 | 31 | 32 | 33 | 34 | 35 | 36 |

Fig. 2.

Fig. 4.

Fig. 3.

Fig. 6.

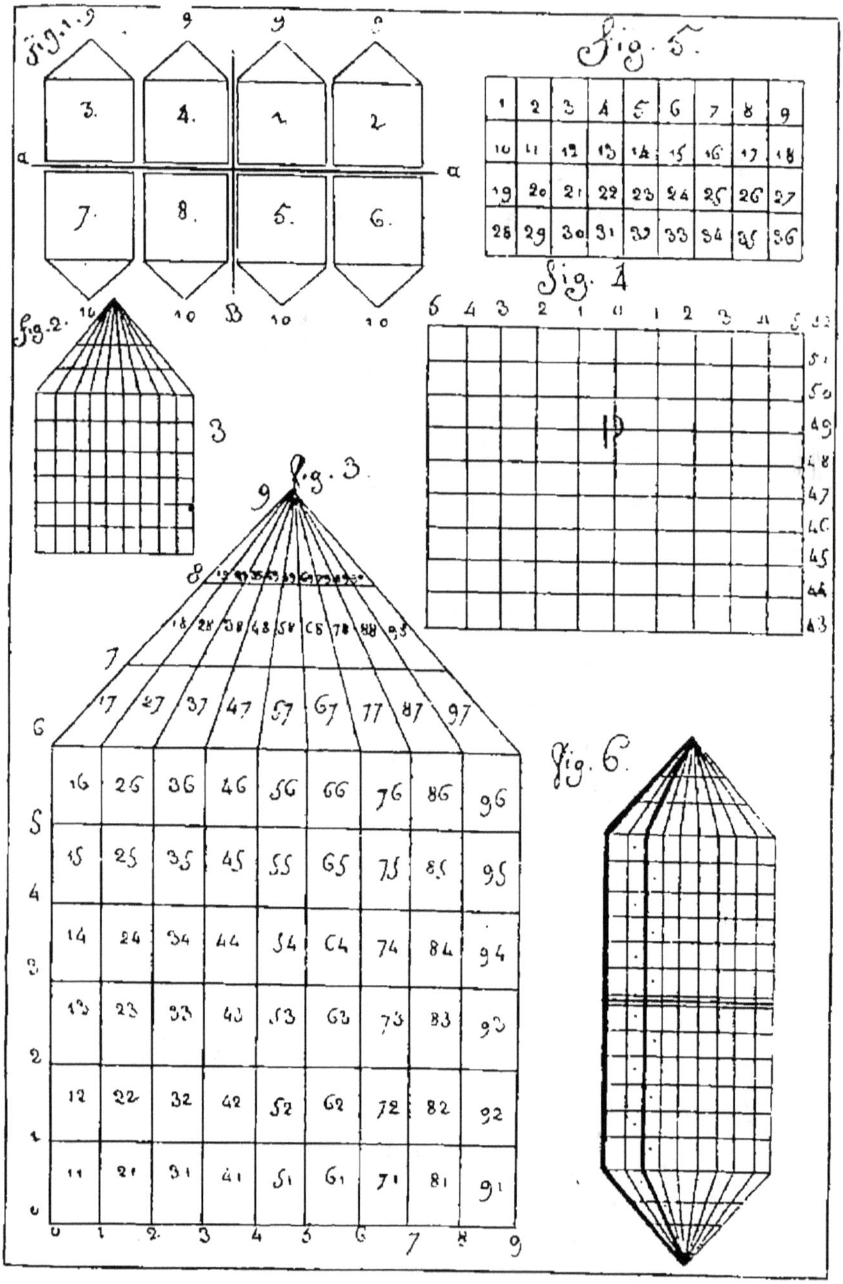

**1**

Cross-shaped net with letters:
- C.
- B. A. D
- E

(marked F at each arm)

**2**

| 1. | 2. | 3 |
|----|----|----|
| 4. | 5. | 6. |
| 7. | 8. | 9 |

**3**

| | 10 | |
|----|----|----|
| 11 | 12 | 13 |
| 14 | 15 | 16 |
| 17 | 18 | 19 |

**8**

| 1 | 2 | 3 |
|----|----|----|
| 4 | 5 | 6 |
| 7 | 8 (10 / 12) | 9 |
| 11 | | 13 |
| 14 | 15 | 16 |
| 17 | 18 (20) | 19 |
| 21 | 22 | 23 |
| 24 | 25 | 26 |
| 27 | 28 (30) | 29 (31) |

**5**

| 10 | 20 / 50 / 07 | 30 / 40 |
|----|----|----|

**4**

| | | 20 |
|----|----|----|
| 21 | 22 | 23 |
| 24 | 25 | 26 |
| 27 | 28 | 29 |

Cross/net of numbers:
10 | 13 16 19 | 1 2 3 | 37 34 31 | 30
11 12 | 15 18 | 4 5 6 | 38 35 32
14 17 | 7 8 9 | 39 36 33
67 87 47
97 57 77
43 42 41
07
50

**A**

| 1 | 2 | 3 |
|----|----|----|

**B** (1)

**C** (2)

**D** (3)

**E**

| 1 | 2 | 3 |
|----|----|----|

**F**

| 1 | | 3 |

**G**

| | 2 | 3 |

**7**

O
1 2 3 4 5 6 7 8 9
AA

**6**

O

| 1 | 2 | 3 |
|----|----|----|
| 4 | 5 | 6 |
| 7 | 8 | 9 |

Fig. 1.

Fig. 2.

Fig. 5.

Fig. 4.

A    B

Fig. 6.

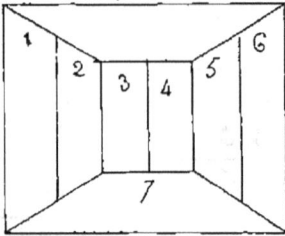

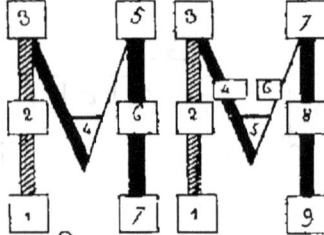

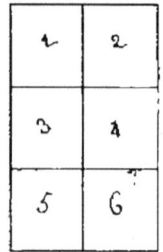

Fig. 3.

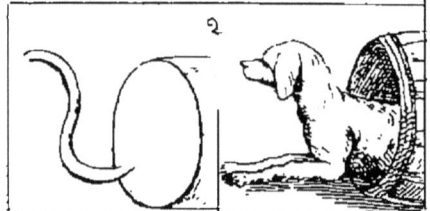

Fig. 2.

3

Fig. 7.

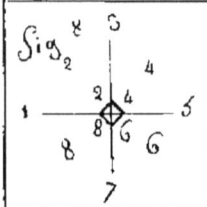

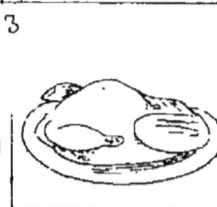

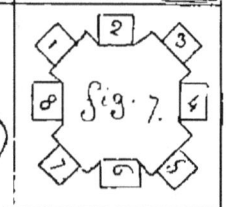

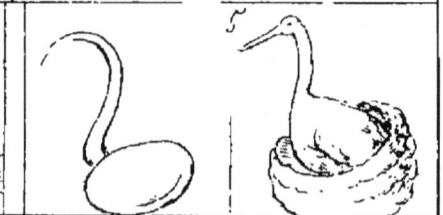

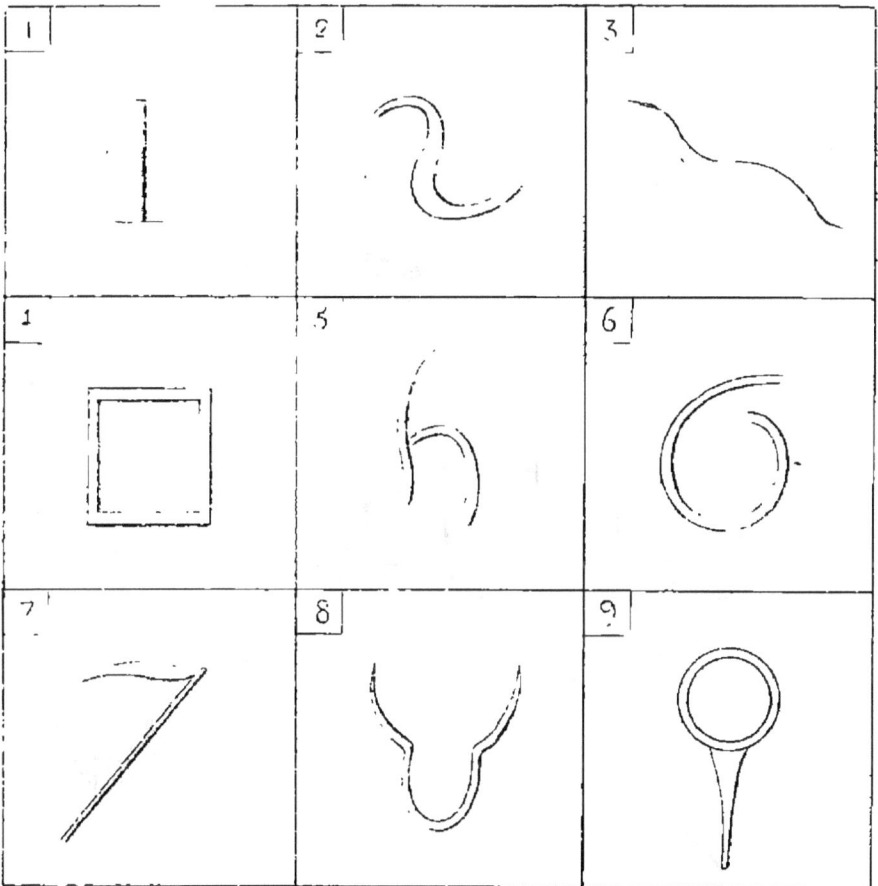

3

| | | |
|---|---|---|
| 10 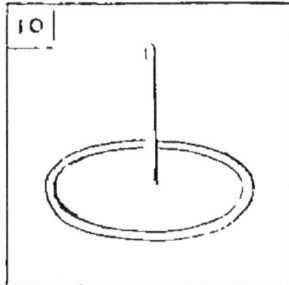 | | |
| 11 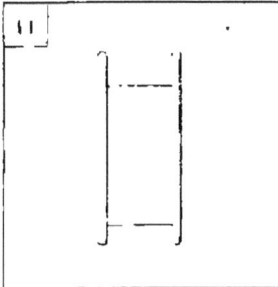 | 12 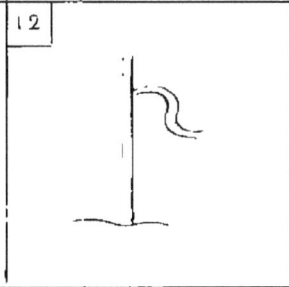 | 13 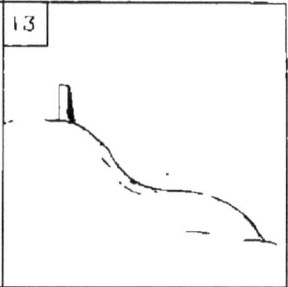 |
| 14 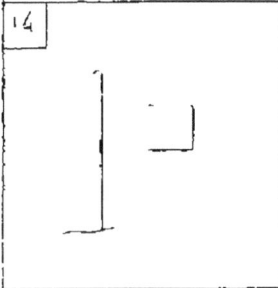 | 15 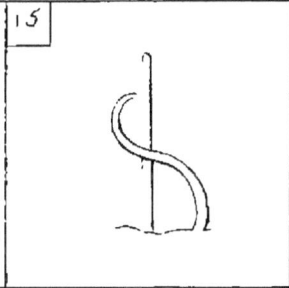 | 16  |
| 17 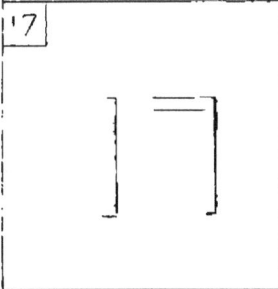 | 18 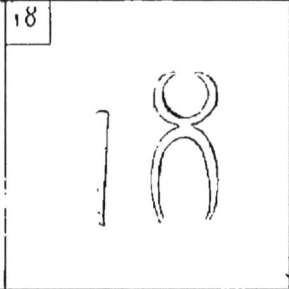 | 19 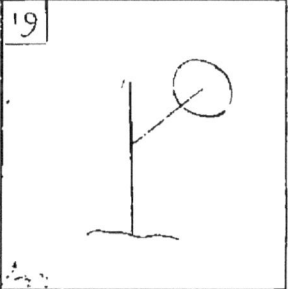 |

4

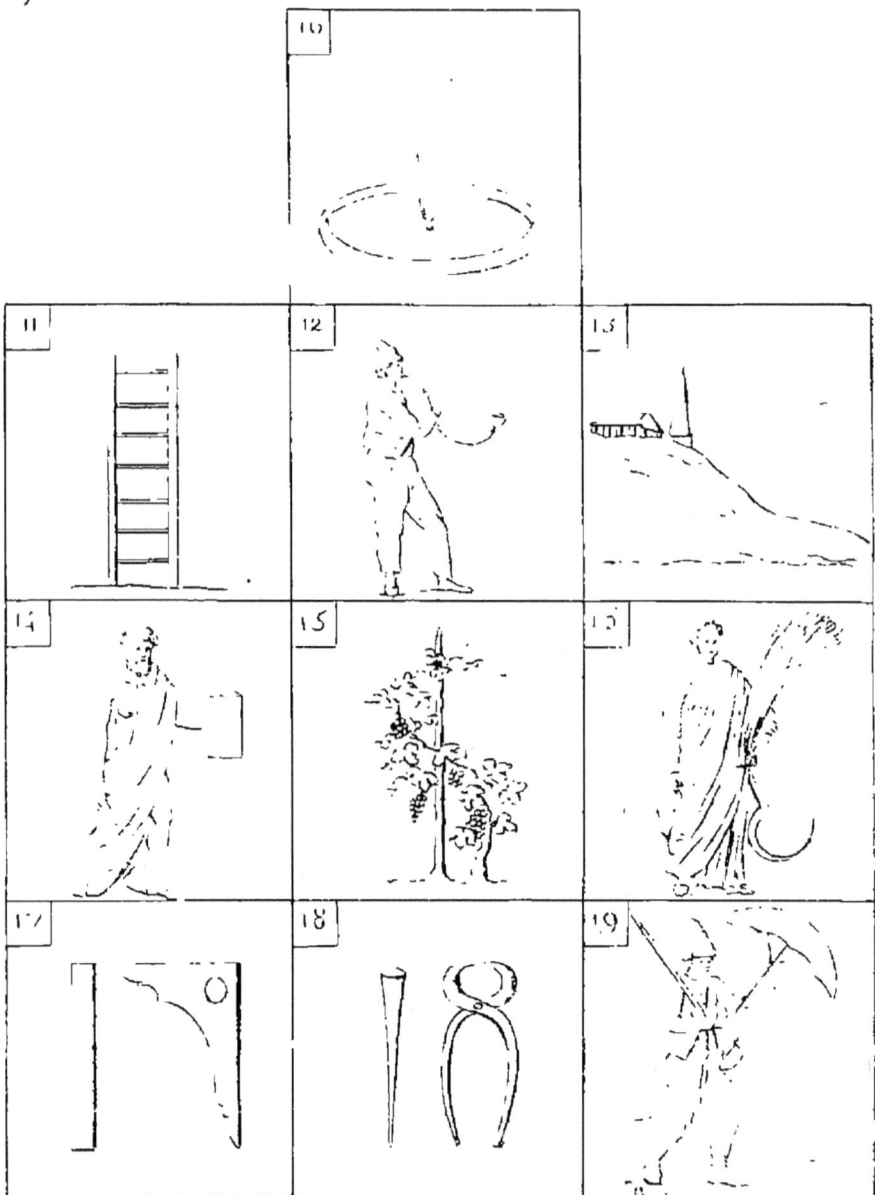

10

11

12

13

14

15

16

17

18

19

6

21

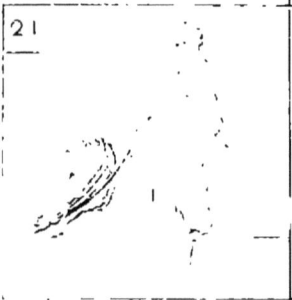
21

22

23

24

25

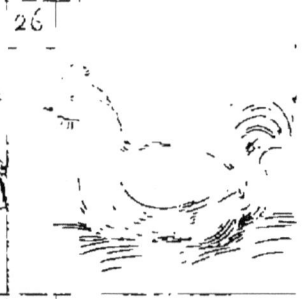
26

27

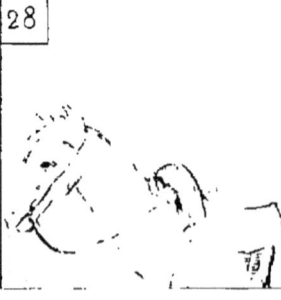
28

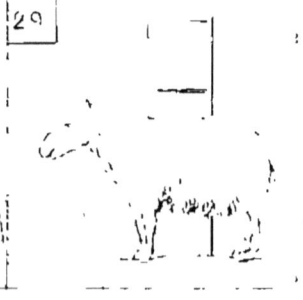
29

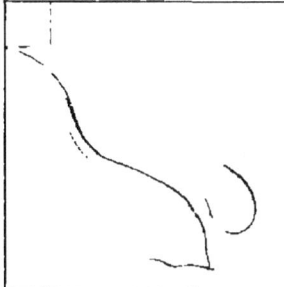

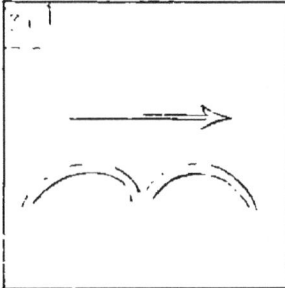

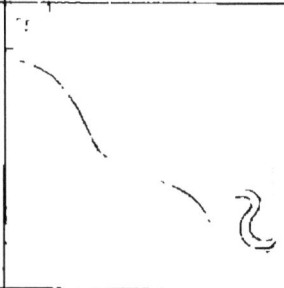

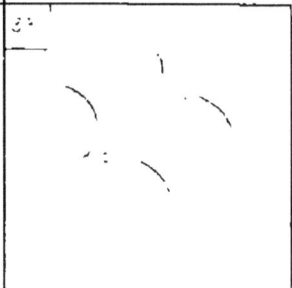

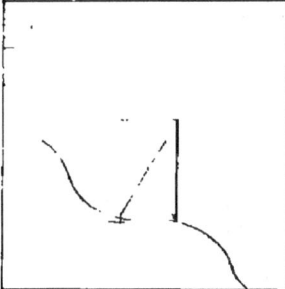

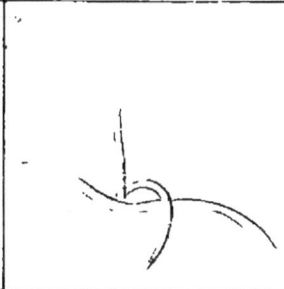

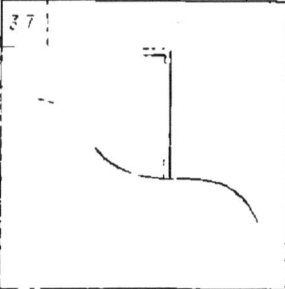

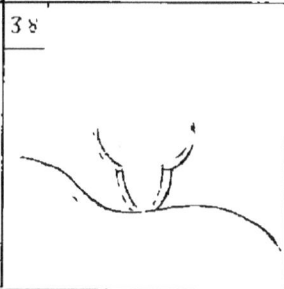

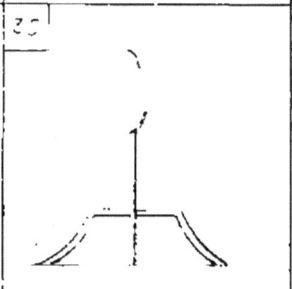

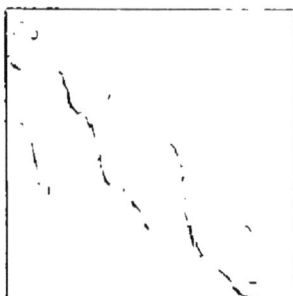

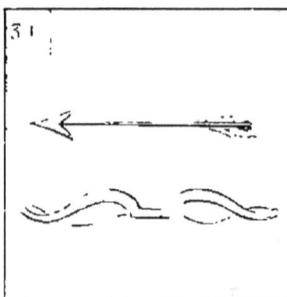

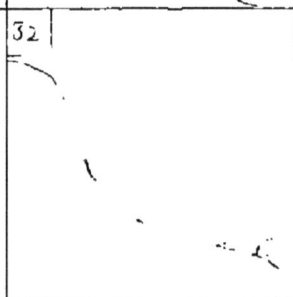

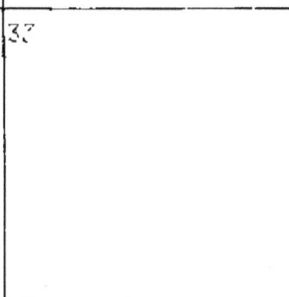

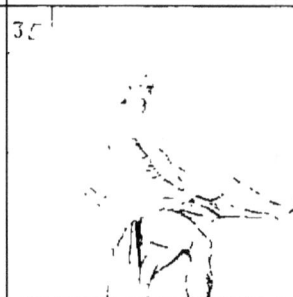

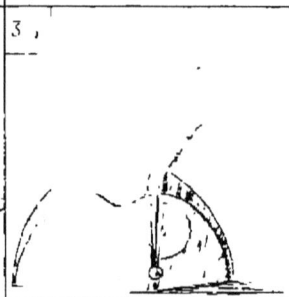

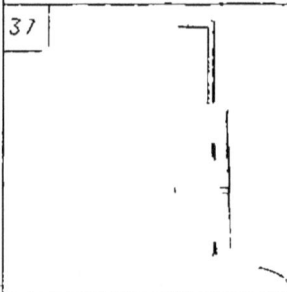

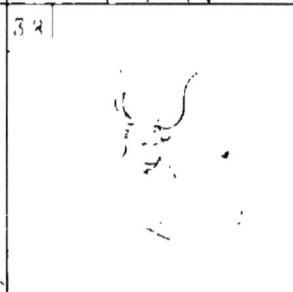

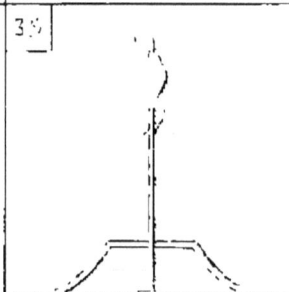

9

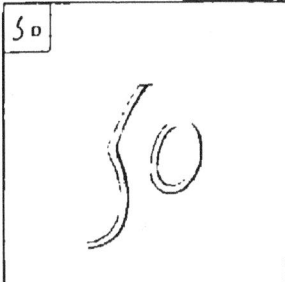

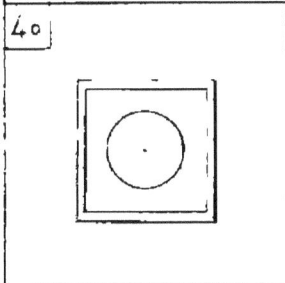

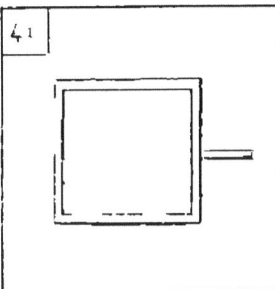

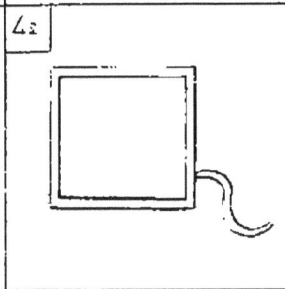

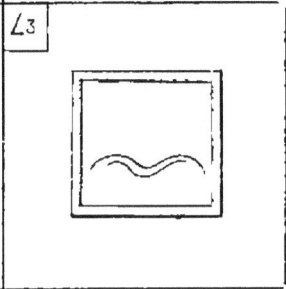

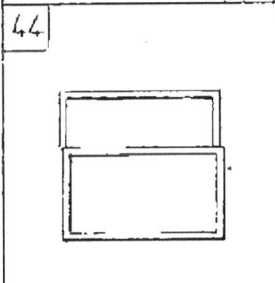

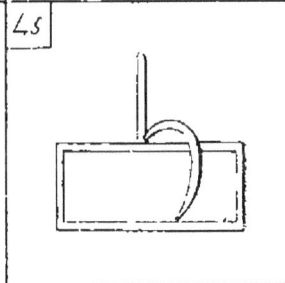

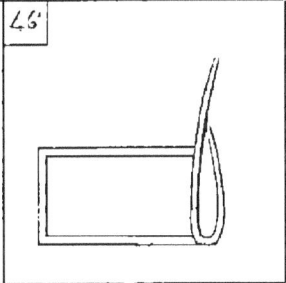

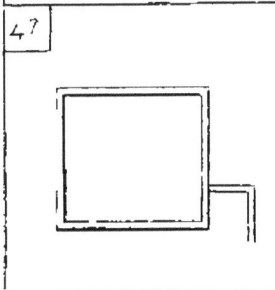

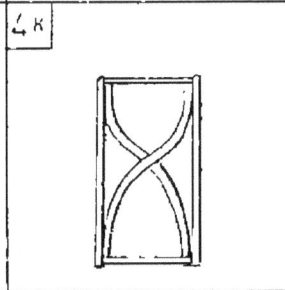

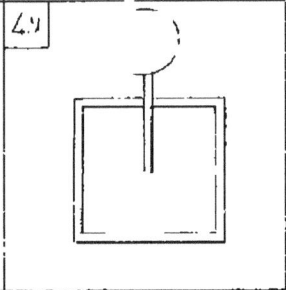

10

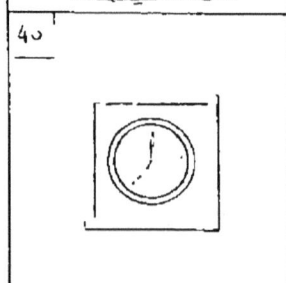

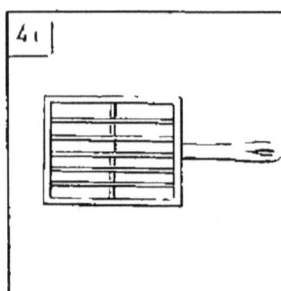

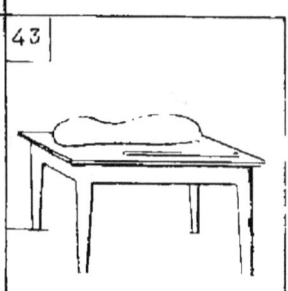

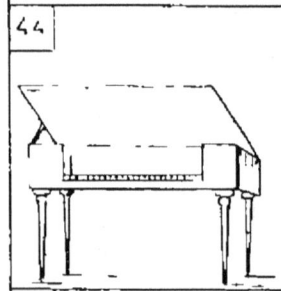
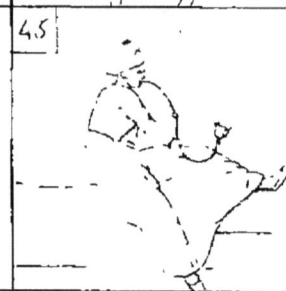
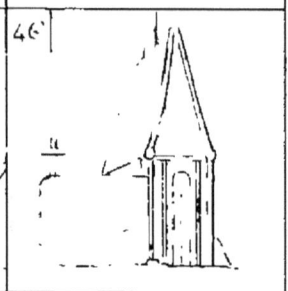

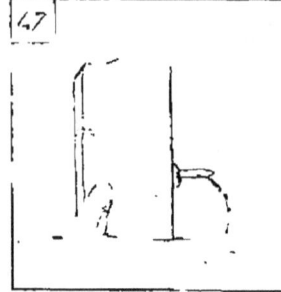
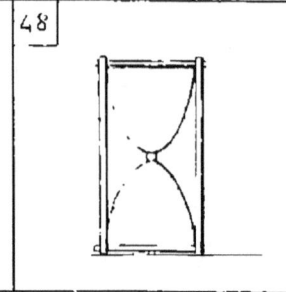
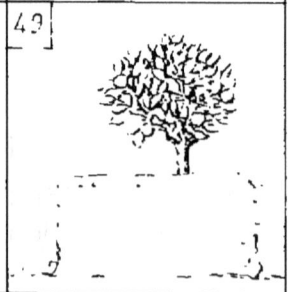

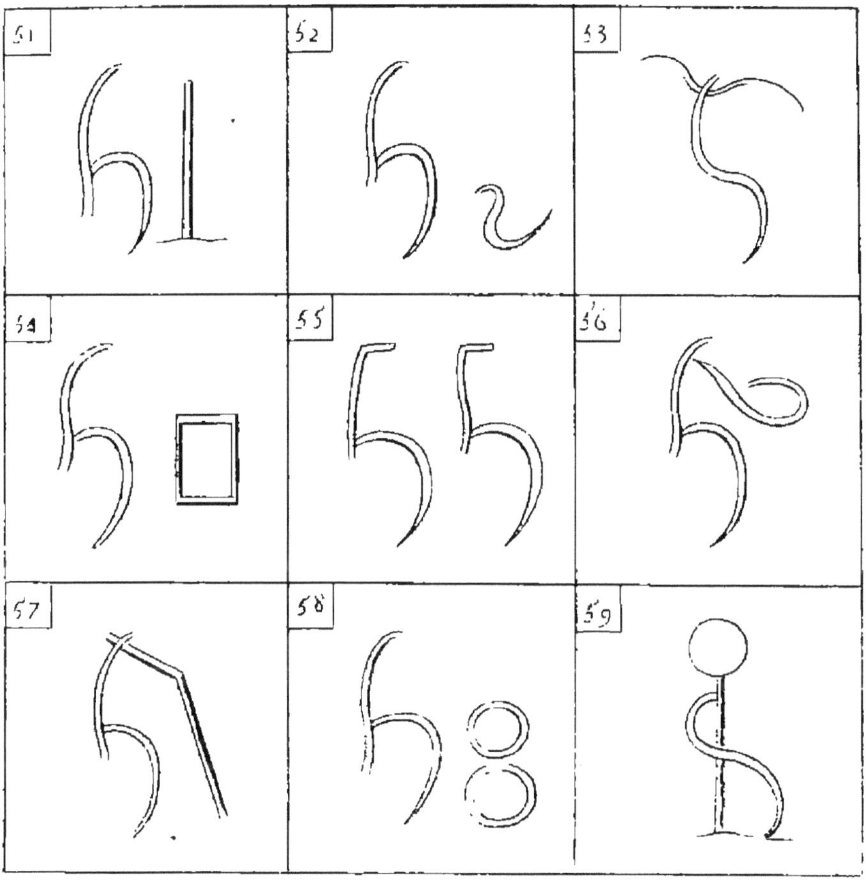
51
52
53
54
55
56
57
58
59

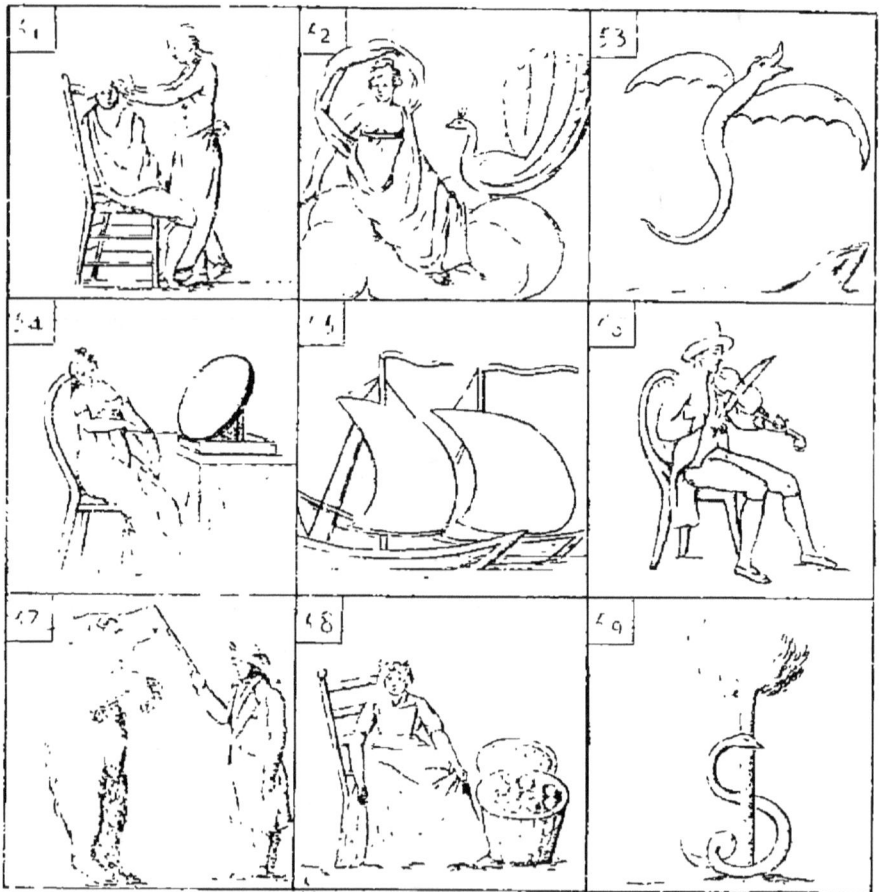

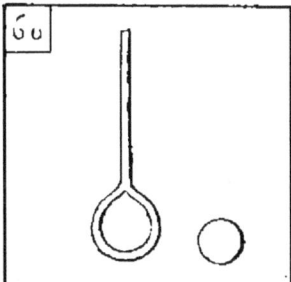

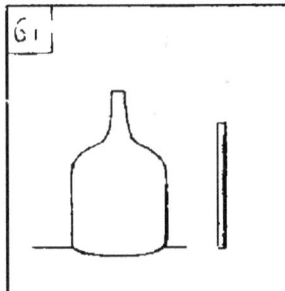 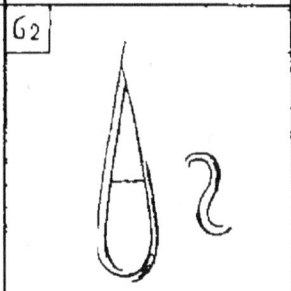 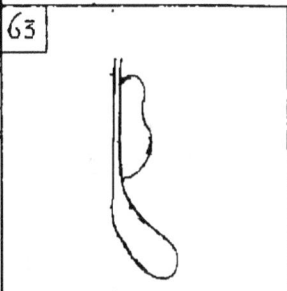

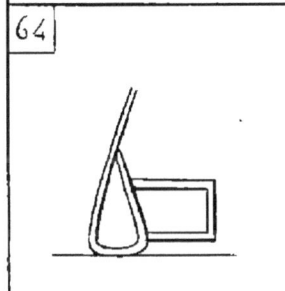 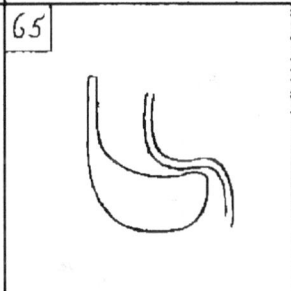 

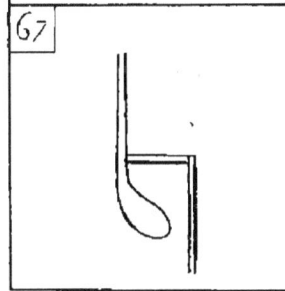 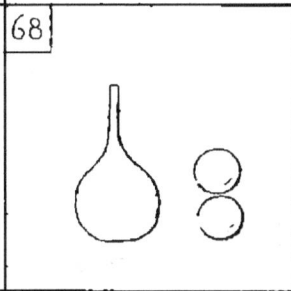 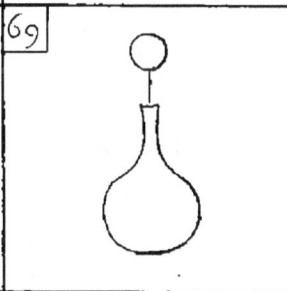

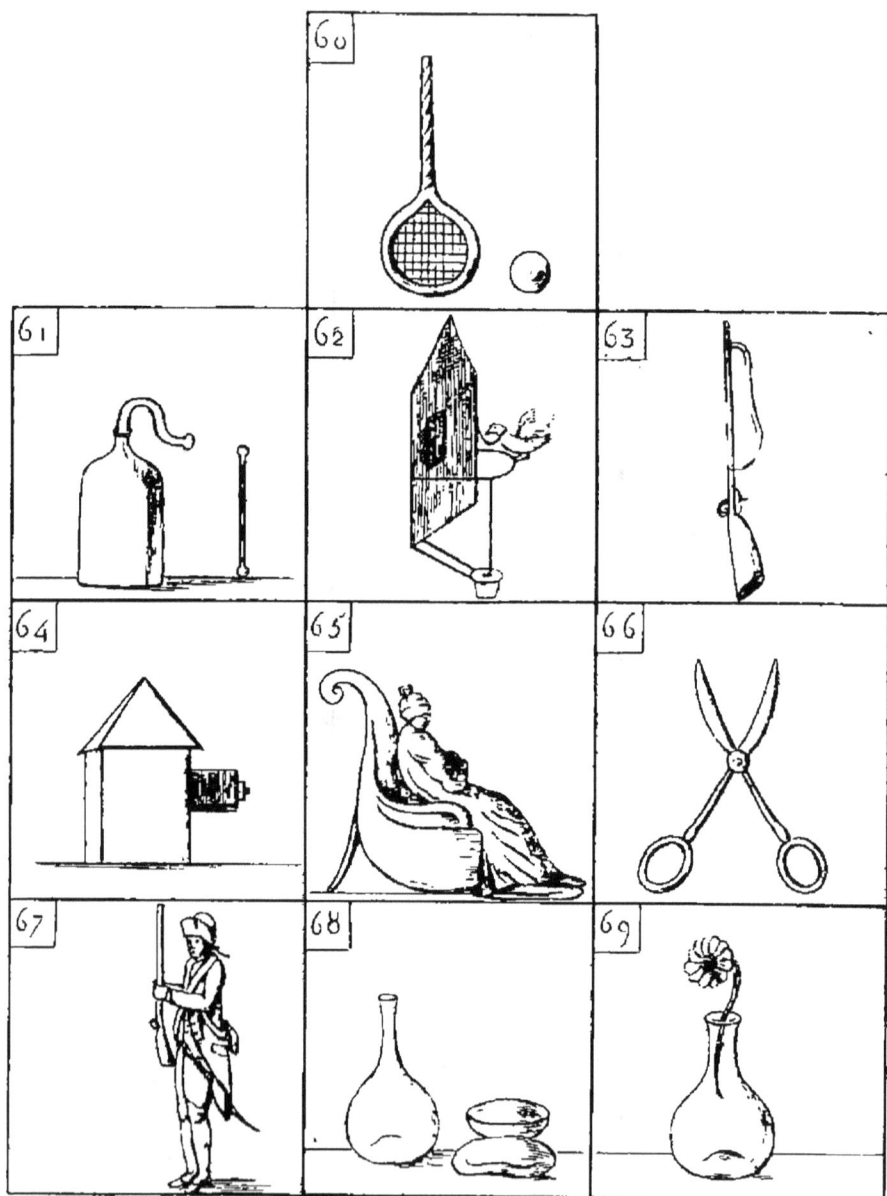

14.

60

61

62

63

64

65

66

67

68

69

15

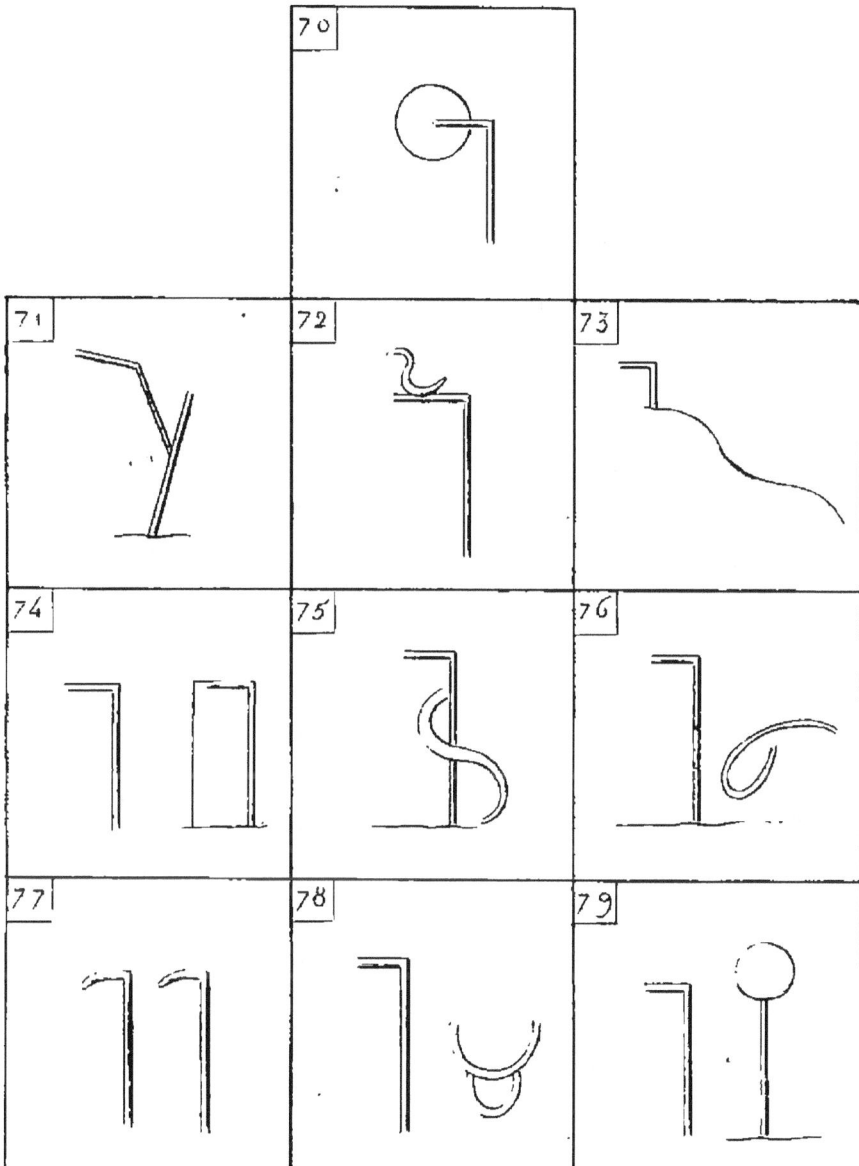

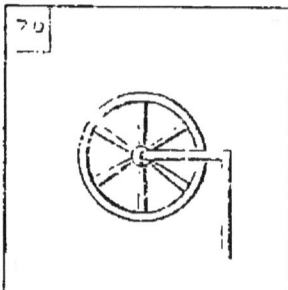

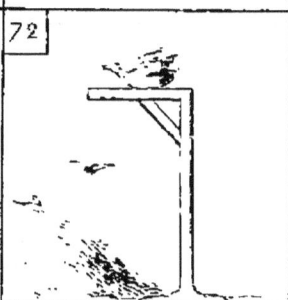

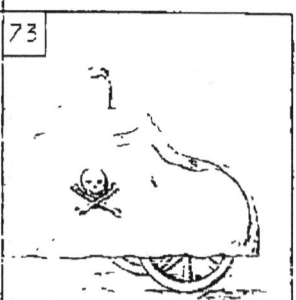

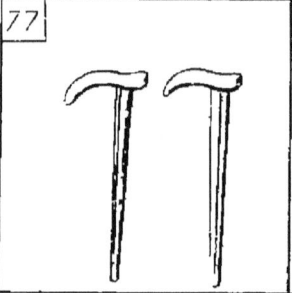

17.

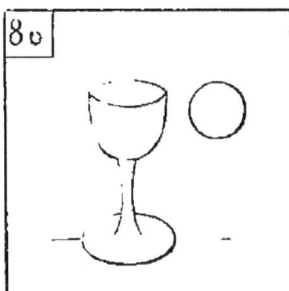

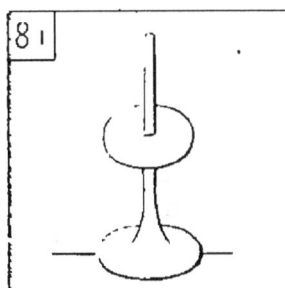

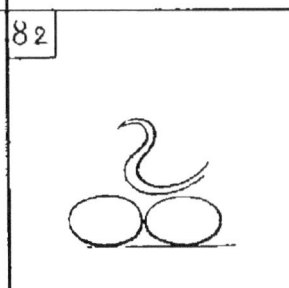

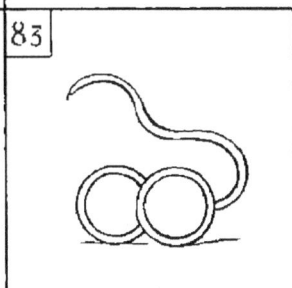

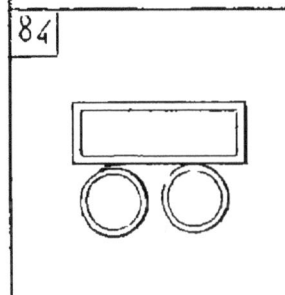

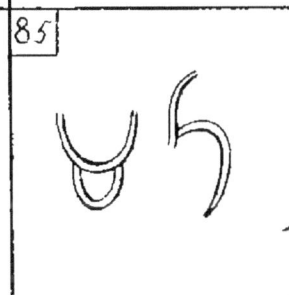

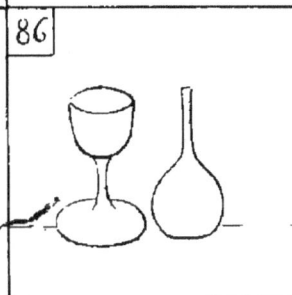

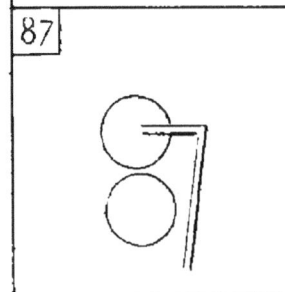

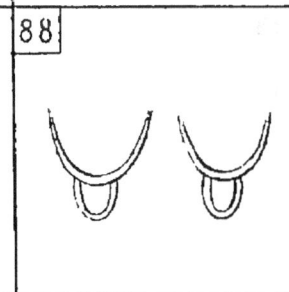

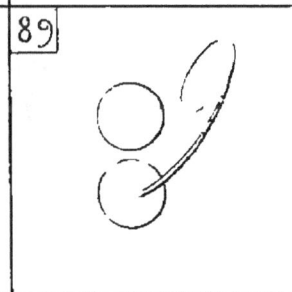

18.

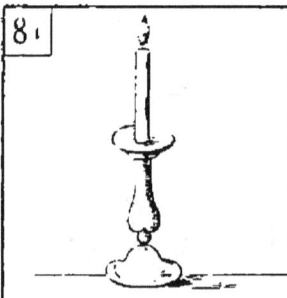

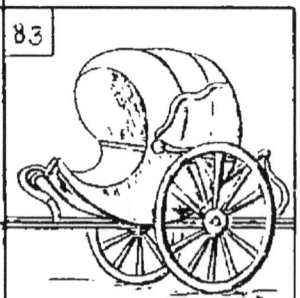

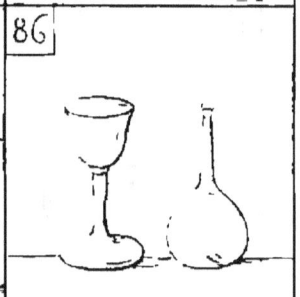

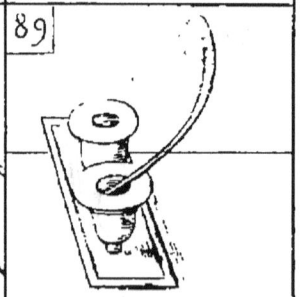

19.

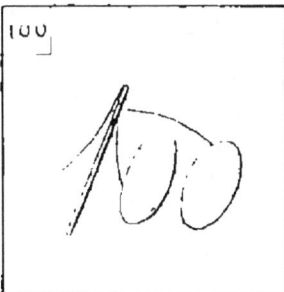

90

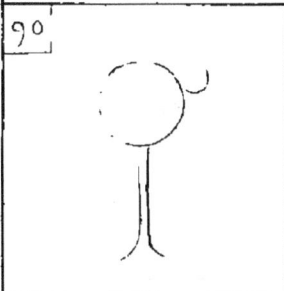

91

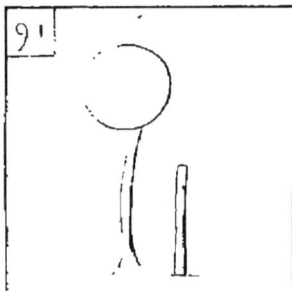

92

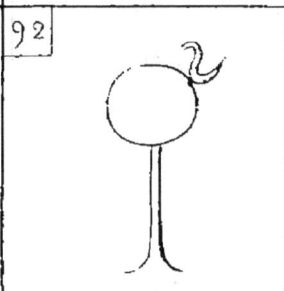

93

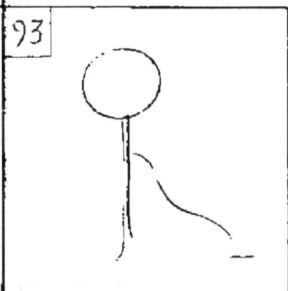

94

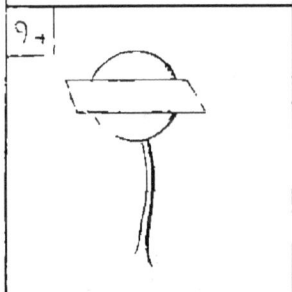

95

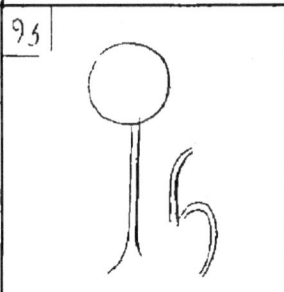

96

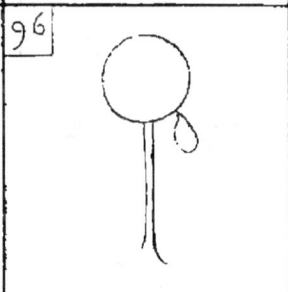

97

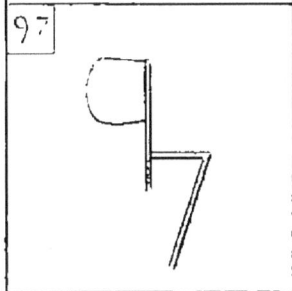

98

99

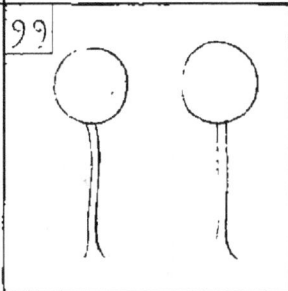

20.

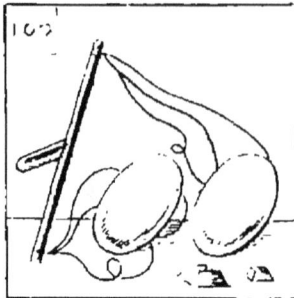

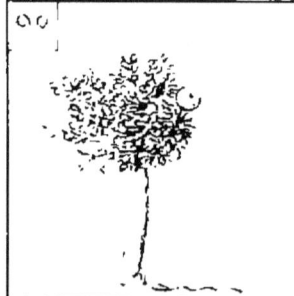

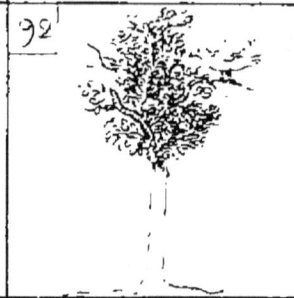

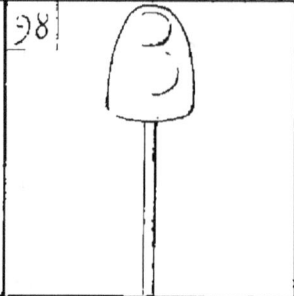

# TABLE

## DES CHAPITRES

*Contenus au présent Traité.*

( 240 )

*Fin de la Table des matières.*

www.ingramcontent.com/pod-product-compliance
Lightning Source LLC
Chambersburg PA
CBHW070751270326
41927CB00010B/2108